世界五千年

科技故事丛书

卢嘉锡题

世界五千年科技故事丛书

一位身披袈裟的科学家

僧一行的故事

丛书主编　管成学　赵骥民

编著　杨荣垓　杨效雷

吉林出版集团 | 吉林科学技术出版社

图书在版编目（CIP）数据

一位身披袈裟的科学家：僧一行的故事 / 管成学，
赵骥民主编. -- 长春：吉林科学技术出版社，2012.12（2022.1重印）
ISBN 978-7-5384-6367-5

Ⅰ.① 一… Ⅱ.① 管… ② 赵… Ⅲ.① 僧一行（683～
727）一生平事迹 Ⅳ.① K826.14

中国版本图书馆CIP数据核字（2012）第275090号

一位身披袈裟的科学家：僧一行的故事

主　　编	管成学　赵骥民	
出 版 人	宛　霞	
选题策划	张瑛琳	
责任编辑	朱　萌	
封面设计	新华智品	
制　　版	长春美印图文设计有限公司	
开　　本	640mm×960mm　1／16	
字　　数	100千字	
印　　张	7.5	
版　　次	2012年12月第1版	
印　　次	2022年1月第4次印刷	

出　　版　吉林出版集团
　　　　　吉林科学技术出版社
发　　行　吉林科学技术出版社
地　　址　长春市净月区福祉大路5788号
邮　　编　130118
发行部电话 / 传真　0431-81629529　81629530　81629531
　　　　　　　　　　81629532　81629533　81629534
储运部电话　0431-86059116
编辑部电话　0431-81629518
网　　址　www.jlstp.net
印　　刷　北京一鑫印务有限责任公司

书　　号　ISBN 978-7-5384-6367-5
定　　价　33.00元
如有印装质量问题可寄出版社调换

序 言

十一届全国人大副委员长、中国科学院前院长、两院院士

放眼21世纪，科学技术将以无法想象的速度迅猛发展，知识经济将全面崛起，国际竞争与合作将出现前所未有的激烈和广泛局面。在严峻的挑战面前，中华民族靠什么屹立于世界民族之林？靠人才，靠德、智、体、能、美全面发展的一代新人。今天的中小学生届时将要肩负起民族强盛的历史使命。为此，我们的知识界、出版界都应责无旁贷地多为他们提供丰富的精神养料。现在，一套大型的向广大青少年传播世界科学技术史知识的科普读物《世

界五千年科技故事丛书》出版面世了。

　　由中国科学院自然科学研究所、清华大学科技史暨古文献研究所、中国中医研究院医史文献研究所和温州师范学院、吉林省科普作家协会的同志们共同撰写的这套丛书，以世界五千年科学技术史为经，以各时代杰出的科技精英的科技创新活动作纬，勾画了世界科技发展的生动图景。作者着力于科学性与可读性相结合，思想性与趣味性相结合，历史性与时代性相结合，通过故事来讲述科学发现的真实历史条件和科学工作的艰苦性。本书中介绍了科学家们独立思考、敢于怀疑、勇于创新、百折不挠、求真务实的科学精神和他们在工作生活中宝贵的协作、友爱、宽容的人文精神。使青少年读者从科学家的故事中感受科学大师们的智慧、科学的思维方法和实验方法，受到有益的思想启迪。从有关人类重大科技活动的故事中，引起对人类社会发展重大问题的密切关注，全面地理解科学，树立正确的科学观，在知识经济时代理智地对待科学、对待社会、对待人生。阅读这套丛书是对课本的很好补充，是进行素质教育的理想读物。

　　读史使人明智。在历史的长河中，中华民族曾经创造了灿烂的科技文明，明代以前我国的科技一直处于世界领先地位，涌现出张衡、张仲景、祖冲之、僧一行、沈括、郭守敬、李时珍、徐光启、宋应星这样一批具有世界影响的科学家，而在近现代，中国具有世界级影响的科学家并不多，与我们这个有着13亿人口的泱泱大国并不相称，与世界先进科技水平相比较，在总体上我国的科技水平还存在着较大差距。当今世界各国都把科学技术视为推动社会发展的巨大动力，把培养科技创新人才当做提高创新能力的战略方针。我国也不失时机地确立了科技兴国战略，确立了全面实施素质教育，提高全民素质，培养适应21世纪需要的创新人才的战略决策。党的十六大又提出要形成全民学习、终身学习的学习型社会，形成比较完善的科技和文化创新体系。要全面建设小康社会，加快推进社会主义现代化建设，我们需要一代具有创新精神的人才，需要更多更伟大的科学家和工程技术人才。我真诚地希望这套丛书能激发青少年爱祖国、爱科学的热情，树立起献身科技事业的信念，努力拼搏，勇攀高峰，争当新世纪的优秀科技创新人才。

目 录

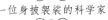

引　子

　　公元724年（唐玄宗开元十二年），中国历史上的一次规模空前的天文大地观测活动正在紧张忙碌地进行着。以阳城（今河南登封县告城镇）为中心，北至北纬50多度，南达北纬17度多，遍历铁勒（今俄罗斯贝加尔湖附近）、蔚州横野军（今河北蔚县东北）、太原府（今山西太原市）、滑州白马（今河南滑县）、汴州浚仪太岳台（今河南省开封市）、洛阳（今河南洛阳市）、阳城、许州扶沟（今河南扶沟县）、蔡州上蔡县武津馆（今河南上蔡县）、襄州（治襄阳，今湖北省襄樊市）、郎州武陵（今湖南省常德市）、安南都护府（今越南民主共和国北部）和林邑国（今越南民主共和国中部）的广大地区，朝廷派出的所有工作人员，抱着同一个宗旨，按照统一布置，使用着同一类仪器，遵照统一的操作规程，在规定的同一时间，进行着同一个工作！发起并组织领导这次史无前例的大规模的科学实践活动的总指挥，既不是权势显赫的王公勋戚，也不是官居极品的朝廷显贵，而是一位身披袈裟、手捻佛珠的和尚。他便是我们故事的主人公——僧一行。僧一行是什么人？他是什么身份？他何以能够在中华大地上组织领导如此大规模的天文测量工作？还是让我们从头说起。

书宦世家

僧一行俗名张遂（公元683—727），他生活的年代正处于中国封建社会盛唐时期。唐王朝安史之乱前，先有"贞观之治"，后有"开元盛世"，社会安定，经济发达，呈现出一片繁荣昌盛的景象，这便是历史上的盛唐时期。

唐王朝是在隋末农民起义激烈的社会震荡中建立起来的。面对隋朝灭亡的历史教训和贞观初年百废待兴，百乱待治的局面，唐太宗李世民以亡隋为鉴，首先抓了国家的政治建设。他广任贤良，虚怀纳谏，把任贤和纳谏作为大治天下的两条主要措施。为了创造一个良好的、安定的社会环境，唐太宗又进行了法制的改革和建设。与此同时，"去奢省费、轻徭薄赋"、"使民衣食有余"的经济政策，使唐朝的社会经济迅速发展。所以李世民在位的贞观时期，吏治清明，社会安定，出现了牛马遍野、丰衣足食、夜不闭户、路不拾遗的升平景象，史称"贞观之治"。

那的确是一个产生英才、培育英才的时代，但并不是生活在那个时代的每一个人都能成为英才。

张遂的曾祖父叫张公谨，是唐太宗李世民的开国功臣。张公谨字弘慎，魏州繁水（今河南省南乐县）人，在隋朝末年天下大乱，群雄割据的时期，担任过王世充政权的洧州（治鄢陵，今河南鄢陵县）长史。后来，张公谨与洧州刺史（州的正职）崔枢一起将整个洧州投归了唐王朝。

起初，张公谨默默无闻，后来由于李世民的亲信谋士李勣和大将尉迟敬德的屡次推荐，张公谨才进了秦王幕府，成为李世民的幕僚。当时李世民的哥哥李建成（太子）和弟弟李元吉屡欲谋害于他，李世民召见张公谨，征询保全自身的良策，张公谨的回答使李世民非常满意，所以后来就渐渐地得到李世民的宠信。李世民准备发动玄武门之变的前夕，曾经请人用龟甲占卜吉凶，正好张公谨从外面进来，撞见了，急忙上前将龟甲摔到地下，恳切地向李世民进言："人只有在疑惑不定，犹豫不决的时候才占卜，现在的事情没有什么可疑惑的，为什么要占卜呢？即使占卜的结果不吉利，按如今的情势，也是势在必行，希望秦王考虑。"听了张公谨的一番话，李世民猛然醒悟，最后作出决断，义无反顾地发动了"玄武门之变"，这就是历史上有名的"投龟定议"的故事。在玄武门之变中，张公谨闭关拒敌，立了大功，李世民授予他右武侯将军之职，封定远郡公，食实封一千户。

贞观年间，张公谨担任代州（当时的国防前线，治所在今山西代县）都督，主管军、政、财大权，在此任上，他先后向朝廷提了十几条建议，都被唐太宗李世民采纳。如他提出要在代州实行军事屯田，让戍边士兵一边练兵戍守，一边耕种土地，就地解决军粮问题，实行结果，极大地节省了朝廷军费开支，壮大了边防力量。

张公谨有三个儿子。长子名叫张大象，官至户部侍郎。户部是当时国家最高财政机关，侍郎是户部的副职。次子名叫张大素，在唐高宗李治龙朔年间当过东台舍人（是国家最高监察机构的属官）并参加了撰写唐朝国史的史馆工作，是当时著名的历史学家，他一生著述甚多，计有《后魏书》100卷，《北齐书》100卷，《隋书》30卷，《隋后略》10卷，《敦煌张氏家传》20卷等。但《后魏书》并非完璧，其中《天文志》是由张遂续成的，后来北宋史学家刘恕等人将它补入魏收的《魏书》中，这便是我们今天所能读到的《魏书·天象志》的第三、四两卷。

张公谨的第三个儿子叫张大安，也是有名的学者。他在唐高宗上元年间（674—676）先后担任过"太子庶子"和"同中书门下三品"的职务。当年章怀太子李贤召集一些学者注释范晔《后汉书》，张大安是其中的一个主要人物。现今传世的"廿四史"中《后汉书》纪传部分的注文便有张大安的心血。

后来章怀太子被武则天废掉了，张大安也受到牵连，被贬到四川去当普州（治所在今四川安岳县）刺史，最后死在广东横州（治宁浦，今广东横县）司马任上。

张大象、张大素、张大安是张遂的祖父辈。究竟谁是张遂的亲祖父？史籍只记载张遂的父亲叫张擅，这张擅是谁的儿子，不得而知。但我们根据有关史料可以做些分析和推论。《旧唐书·一行传》明确记载张大素是张遂的"从祖"即叔祖父，而张大素的儿子名叫张惮。又同书明言张洽是张遂的"族叔"。据《新唐书·宰相世系表》，张洽是张大安的长子，故大素、大安都不可能是一行的亲祖父。张遂的世系只可能是这样的：

张大象——张擅——张遂

张大素——张惮

张大安——张洽

张浼

张浚

张洽开元年间为礼部郎中，负责礼乐、祭祀、封建、宴乐及学校贡举等。张浼做过集贤院判官和国子祭酒等职。集贤院判官负责刊辑经籍，搜求异书。国子祭酒负责最高学府的教育管理。张遂的父亲张擅做过武功（今陕西武功县）县令。张遂就是出生在这样一个书宦世家的文化贵族大家庭中，从小耳濡目染，受到良好的传统文化的熏陶。

张遂生于唐高宗弘道六年（683）。他七岁那年，唐王朝的政局发生了重大变化，对幼年的张遂产生了重大影响。

公元690年，中国历史上出现了唯一的一位女性帝王武则天。在中华这样一个古老的封建大国，打破了皇位男性的传统格局的武则天，自然会受到激烈的反对。武则天为了建立和巩固自己作为女皇的地位，在镇压李唐宗室反抗的同时，对不愿承认女皇的李唐王朝的既得利益者也进行了残酷的打击。武则天的措施客观上抑制了士族势力，扶持了庶族势力，应该说是历史的进步，但对幼小的张遂来说，无疑是一场灾难，因为张家作为世代簪缨的李唐功臣之后，正是武周政权的打击对象。祖上爵位被削夺了，实封土地被追回了，这个文化贵族大家庭，政治地位和经济地位一落千丈，幼年的张遂一下子被抛入下层贫苦人家的行列，甚至连温饱都难以为继。幸亏邻居有位姓王的老太太，心地善良，经常接济抚养他。

张遂幼年的这种经历，使他从小体认到官场险恶，也更多地了解了下层劳动人民的苦难和社会的现实，所以说，他后来遁入空门，又能胜任皇帝的政治顾问，绝不是偶然的。

后生颜子

　　世代书宦的家庭文化氛围给张遂打下了良好的学习基础；家境的败落，生活的困苦，又激发了他脚踏实地，勤奋苦学的精神。加之，他天性聪慧，过目不忘，不论什么书，只要看过一遍，便能一无遗漏的背诵下来。因此，青年时期的张遂知识面便相当广泛。《旧唐书·一行传》说他"博览经史，尤精历象阴阳五行之学"。"经"指经常必读的儒家经典。唐代被最高统治者敕定的经有九种，其中被尊为九经之首的《周易》是上古时代巫史文化的百科全书，它反映了中华民族远古先民们天人合一的宇宙观，内容充满了朴素的辩证法，它不仅影响到各个人文学科，成为中国古代经邦济世的总经典，使唐初重臣虞世南发出"不学易，无以为将相"的感叹；而且它独特的"数学模式"、"图像模式"和"思维模式"推动并制约着中国古代科学技术的发展。此外"九经"中的《尚书》、《诗经》、《春秋》保存了我国古代天文观测学的许多积极成果，《论语》、三礼（《周礼》、《仪礼》、《礼记》）、《孝经》中包含大量的为国之道。"史"即历史书籍，唐代我国史部书籍分十三大类，仅《隋书·经籍志》著录的便有817部之多。朝廷敕定的纪传体正史有十三种。为首的《史记》，不仅"通古今之变"，而且"究天人之际"，就是说，《史记》不仅探求古往今来人类社会活动兴衰的规律，而且也探究自然界（天）和人类社会的相互依存，相互影响的制约关系，从而开辟了后代"正史"记述自然科学知识的光荣传统。唐"十三史"中的"天文志"、"五行志"等"志"，"方技传"、"艺术传"等"类传"，记载了几千年来我们祖先积累下来的观察自然、了解自然，进而征服自然的珍贵科技史料。广泛阅读"经史"，不仅使张遂获得了多方面的知识，而且更启迪了他的智慧。

张遂与一般青年学子追求仕途经济，为应科举而学的读书方向不同，他在广泛吸取经史的基础之上，把学习重点放在了与科举进士毫不相干的天文历法和阴阳五行方面。

天文学是人类最早发展起来的一门自然科学，早在游牧时代，人们就注意观察天象，并且把它与地上的季节变化联系起来，总结经验，探索规律，为生产生活服务。在我国，天文学更是有着悠久的历史。在天文观测的基础之上，我国很早就出现了成文历法，并流传下来大量的天文历法著作。在张遂以前，仅见诸《隋书·经籍志》著录的便有197部938卷之多。

阴阳学说是我国古代先哲从整体观念出发把宇宙间的万事万物分为阴阳两大类，而建立起来的阴阳二气对立转化的思想体系。阴阳学说指出，事物和现象中对立着的两个方面的相互作用是万事万物发展变化的根本原因。五行学说是我国古代先哲根据"引而伸之，触类而长之"的原则，把自然界的事物按其属性分别归于不同的五行（水火木金土），从而构筑的自然界和人类社会本质特征的普遍联系之网。五行学说以五行的生克来说明事物变化的过程，认为万事万物都是在相生相克中达到动态平衡的。阴阳学说解释了事物为什么变化，五行学说则解释了事物如何变化。阴阳五行学说是我国古代思想家在长期的社会实践和对自然现象的观察中逐步总结出来的朴素的辩证自然观，对中国古代科技有着深远的影响。阴阳五行类著作在张遂之前也是著述浩繁，蔚为大观，仅《隋书·经籍志》著录的便有272部1022卷。

正是这无比浩翰的历史文化遗产，使张遂能够站在无数巨人的肩膀上向上登攀。小张遂如同扎根在这极其肥沃深厚的土地中的一棵幼苗，只要他拼命地吸取营养，就一定能够长成参天大树。

渐渐地，张家祖上传下来的丰富藏书已不能满足张遂那永远躁动着的强烈的求知欲望。张遂只要听说哪一家有他没读过的书，就一定要登门造访，求借一读。十九岁那年，张遂向长安元都观道士尹崇借书的故事，曾一时传闻遐迩，成为美谈。

唐代道教受到特别的恩宠，一来由于唐王朝是李氏天下，而道教的始祖老子姓李，二来由于李世民上台得到一批道教徒的支持，这样的历史因缘，使唐前期道教非常发达，科举考试甚至专列"道举科"。道教的活动场所叫"观"。当时首都长安城有座元都观，不仅建筑巍峨，香火旺盛，而且藏经丰富，道士众多，内中不乏学问博洽之士，尹崇便是这样的一位。他将儒释道三教融会贯通，学识十分渊博，而且拥有数万卷的藏书。这对求知若渴的张遂来说，自然具有强大的吸引力。张遂决心去拜访这位博学多藏的尹崇道士。尹崇对这位勤奋好学的年轻人十分赏识，让他浏览了元都观里的丰富藏书，并最后同意张遂将扬雄《太玄经》借回家去阅读。元都观里那么多藏书，为什么张遂单单挑上了这部书作为重点借阅的对象？

扬雄（前53—18），字子云，西汉蜀郡成都人，是我国古代著名的文学家、哲学家和语言学家。扬雄从小勤奋好学，博览群书，但是说话结巴，不善言谈。他写得一手好辞赋，与当年大辞赋家司马相如被后世文人并称为"扬马"。扬雄所著《方言》和《训纂篇》是我们今天研究古代语言文字的重要资料。扬雄一生不追求富贵，安于贫贱，也不做那些沽名钓誉的事情，而是醉心于学术研究。中年以后，扬雄痛感辞赋无益于世道人心，转而潜心研究哲学。到了晚年，他在学术思想上已形成了一整套成熟的独到见解。《太玄经》是扬雄晚年模仿《易经》的力作，它集中反映了扬雄的哲学思想。它以"三分法"取代《易》的"两分法"，把宇宙间千变万化的万事万物全部纳入以"三"为基础的框架中，构成了一庞大的哲学体系，在当时乃至后世皆被视为高不可攀、深不可测，不被一般人所能理解的"绝学"。与扬雄共世的大学者们大多都为扬雄这部著作的命运担忧。著名文献学家刘歆劝告扬雄："何必这样白白自找苦吃呢？现在已追求到功名利禄的念书人，对《易经》尚且读不明白，何况您这'玄'呢？我担心您这本书，后人恐怕只有用来盖酱钵了。"当时只有著名唯物论者桓谭看重他的《太玄经》。扬雄去世时，桓谭的两个好友问桓谭："您曾经盛赞扬雄《太玄》这部书，难道它果真能传于后世吗？"桓谭斩钉截铁地回答："必能行于后世，而且对后世的影响必在诸子之上，只不过你我不能看到这一天罢了。"桓谭的预言被应验了。汉末宋衷、三国陆绩、晋代范望等均研习过"太玄经"并为之做注，现在到了唐代，又遇到了张遂这个知音。

有多少为功名利禄急需研读的书籍，张遂不选，却偏偏相中了《太玄经》，这件事本身便是很有意义的。第一，它说明年仅十九岁的张遂已具有渊博学识和深厚功力，因而才能独具慧眼，识透《太玄经》的学术价值；第二，它说明张遂不怕《太玄经》晦涩艰深，有"明知山有虎，偏向虎山行"的勇气和毅力，在科学的道路上勇于探索，敢于攀登，第三，它还向世人昭示，金子即使深埋地下，它也仍然是金子，是金子总会生辉，是真理总会有人探求。

"博学先达，素多坟籍"的尹崇对张遂指名借走《太玄经》，一则心里高兴，欣赏这位小青年的学术胆识，一则也心存疑虑：年轻人好高骛远，拿去看得懂吗？完全出乎尹崇意料，没过几天，张遂兴冲冲地来到元都观，向尹崇道谢还书来了。尹崇一时猜不透是怎么回事，心想：大概是读不下去了，也好，知难而退，也免浪费光阴。又一想：不对，我作为长者，对这样有一定学识基础的年轻人应该说一些鼓励上进的话，于是开言道：

"扬雄这部《太玄经》的确是深奥了些，老夫我也研究过好多年了，其中的道理还是不太明白。你不必急于还书，还是拿回去好好研读吧。"

"我已经基本上读明白了。"张遂面带自信而谦恭地答道。

听了张遂的回答，尹崇更是感到意外。站在自己面前的，分明是个好学老成的孩子，怎么竟然说出这种不知天高地厚的大话？正值尹崇满腹狐疑，面生不快之际，张遂恭敬地双手呈上自己写好的研读《太玄经》的两种心得，一是《大衍玄图》，一是《义诀》。《大衍玄图》是用图示法把《太玄经》的整个体系结构高屋建瓴地表现出来。《义诀》是用文字阐释的方式，概括简要地把《太玄经》的主要义旨，明白无误地表述出来。若不是对《太玄》透彻理解了，深刻领会了，是决然写不出这等言简意赅的文字来的。

尹崇有些惶惑不解地从张遂手中接过这一卷图、一卷字，回坐蒲团上，双手展开，细看起来。一边看，一边不时地抬头瞧一眼站立一旁的张遂，渐渐地，全神贯注起来。看了《大衍玄图》，连连点头，啧啧称赞，看了《义诀》已经忘乎所以，看到精彩处，不由自主地大声朗诵起来。这更是完全出乎他的意料，总共就只这么几天时间，从逐字逐句仔细琢磨弄懂文义，到由表及里、由此及彼的消化理解，融会贯通，到总结概括写出这两种著作，这可能吗？难道世界上真有这样的奇才、天才吗？其实，一点也不奇怪，张遂从小对《易经》情有独钟，早已将易象义理熟谙于心，所以他才能厚积薄发，轻松地读通《太玄经》。

尹崇慢慢地从蒲团上站起，先是呆呆地伫立许久，两眼直盯在这两部杰作上，然后就不禁脱口高喊张遂的名字，手舞足蹈起来。这位素有稳重长者之风的道长，一时不免有些失态。慢慢地，尹崇平静下来，拉着张遂坐在自己面前，这一老一少开始促膝抵掌长谈，进一步探讨《太玄经》的危言宏论和深文幽旨。尹崇尽自己生平所学，把《太玄经》中疑而未决的每一个问题和盘托出，与张遂探讨，张遂时时能够说出些"人人心头似有，个个笔下却无"的明白确切而又新奇别致的道理。尹崇激动地站起身来，拉住张遂的手，连声称道："足下真后生颜子，后生颜子啊！"从此，二人成了忘年之交，经常在一起谈天说地，切磋琢磨，张遂的学识也因此而大为长进。

尹崇所称的"颜子"，姓颜名回字子渊，是对中华民族传统文化做出杰出贡献的大思想家、大教育家、儒家学说创始人孔夫子的最得意的门生。孔夫子认为只有颜回才能全部继承他的思想学说。颜回去世时，孔夫子大放悲声，痛哭数日。后世将颜回的牌位放进孔庙，供奉在大成至圣先师孔夫子神位旁边作为陪祀，被世人尊称为"颜子"。尹崇把张遂称为"后生颜子"，这是对张遂的多么崇高的评价啊！

由于学富五车、德高望重的尹崇在当时学术界的地位，这"后生颜子"的称号便不胫而走。张遂声名鹊起，成为朝野上下尽人皆知的青年学者，成为众人所称道的对象，甚至在当时的读书人中形成了一股争相与张遂交友并以此为雅为荣的风气。当时的人们几乎都认定张遂将来必有一番"封候拜相"的锦绣前程，并宣称自己绝不会看走了眼。不料，张遂却出家为僧了。

出家为僧

　　这是千余年前的一个美丽的夜晚。繁星闪烁，银月如钩，纯银般柔美的光辉从苍穹深处流淌下来，弥漫开去，小心翼翼地呵护着沉沉入梦的大地。在一间堆满各种书籍的小屋里张遂正在秉烛夜读。远处传来潺潺的水声、青蛙和蟋蟀的叫声。这是一种多么值得珍惜和保护的恬静啊。如果历史在这里定格，我们在张遂脸上所看到的将永远是那种遨游书海时特有的快意的神情，然而一个不和谐的音符突然闯入了这个虽然简陋却充满了书香之气的小屋。一阵紧过一阵的敲门声打破了这醉人的宁静。

"呼"的一声，一伙人破门而入。张遂的注意力从书上移开，回头向涌进来的人扫了一眼。这些不速之客穿着打扮俱是大户人家的家丁奴仆模样，其中一人看上去还有几分眼熟。张遂猛地记起，这人正是数日前曾到家中下请柬，要他到恶名昭著的武三思府上去拜什么结义兄弟，被他拍案痛斥，轰出门去的一伙人中的一个。此时，那人也感觉到张遂正在审视他，便赶忙上前一步，深施一礼道："小人是武三思少爷府上的管家。小人前次奉武少爷之命，曾来恭请张相公，不料，被相公训斥轰出。小人回到主家府上复命不成，受些责骂不说，还着实挨了许多板子呢。"

这武三思何许人也？他就是当朝女主武则天的侄儿，仗其姑母权势，经常干些横行乡里、鱼肉百姓、欺男霸女的勾当。明明是个胸无点墨的无知、无耻、无赖之徒，却偏好装些风流儒雅模样，只要听得什么人才学好、名气大时，定要逼上门去强迫人家与其交友往来，借以给自家脸上贴金。哪个胆敢不买他账，数日之内必遭横祸。前几年有个不肯与之为友的书生就突然被死牢中候斩的强人指做同伙而定了死罪。这类暗中做手脚，害人家性命的事，不知干过多少。

张遂想到这里，一股怒气从心头腾然升起，侧目朝那管家冷笑一声，道："请回复你家少爷，我张遂不过一介书生、山野村夫，虽有几分才学虚名，也不过多读了几本书，怎敢与武三思这样的大富大贵之人高攀？"那人听罢仍赖着不走，又嬉皮笑脸地向前连凑了几步，低声道："此番来请相公非比前次。八拜为交一事，相公不肯屈就也就罢了，我家少爷非但不怪罪，反对相公多了许多敬重。今夜半造访，另有一番美意。实不相瞒，我家少爷日前觅得一绝色村姑，已下了聘礼纳她为妾。吉日定在明天。今时刻紧迫，武少爷命我等连夜来此相请，还望相公行个方便，明天务必到府上吃杯喜酒，也让小人们少受些责打。"

张遂厉声道："什么喜酒，你家少爷吃的是喜酒，那村姑和她家中亲人只能把泪水往自家肚里吞，这样的酒只有畜生般的东西才去吃，如此败坏人伦，丧天良的恶事，汝等怎敢来拉我张遂去替他装门面，遮人耳目？真真瞎了你们的眼！"

"如此说来，此番张相公仍是断然不允了？"

"绝难从命！"

"既如此，小人得罪了。"管家略一挥手，几个横眉厉目的壮汉抽出腰间的绳索，齐发声喊，将张遂按倒在地，哪消片刻工夫，已把张遂捆绑得结结实

实，不容分说，将张遂扛起便走。张遂忙问："哪里
去？"那管家道："相公莫慌，门外早备下小轿一
顶，我等不过欲连夜用轿将相公抬入武少爷府中，只
等明日吉时一到，请相公出面陪陪前去贺喜的亲朋好
友和官场名流们罢了。"张遂刚要挣扎，突然发现自
己已被三拳两脚活活塞到轿座上去了，又试着挣扎了
几下，手脚被捆得结结实实，连半点也动弹不得了。
张遂见势不妙，忙使了个缓兵之计，高声道："且放
我下来，自有话说。"那管家撩起轿帘："相公有何
吩咐？"张遂不紧不慢悄声道："这般将我捆绑了
去，我脸上无光倒还事小，你家少爷必然斯文扫地，
那事情可就大了。那时我自去吃我的酒，你等却只有
挨板子的份了。他为在众人跟前全自家脸面，必将你
等重重责打，不见几个立毙杖下，恐你家少爷断不肯
罢手。到那时，我便欲救你等，亦无计可施。"

众人听了这番话，如梦方醒，惊得个个呆若木
鸡。张遂又说："你等既知惧怕，还不快给我解去绳
索，我自有一番救你等性命的三全其美的道理。"

"是何道理，你先讲来，绳索解与不解，且听你
讲罢再做计较。"

那管家果然狡诈，不肯轻易给张遂松绑，可他

哪里是张遂的对手。张遂胸有成竹说道："若解去绳索，不劳你等彻夜奔波，只管各去歇息。明晨一早，我自会携贺礼去你家少爷府上吃杯喜酒。那时，武少爷见你等办事得力，自然高兴，说不定还要重赏你等呢。如此，武少爷遂了心愿，我全了体面，各位不仅免了责打，而且讨了许多赏银，岂不得三全其美。"管家道："明晨相公如果能亲去武少爷府上贺喜，自然是万千之好，然今夜我等不将相公抬回府去，空口无凭，只用相公这番道理回复主家，恐那追魂的板子不待天明，便将我等打发掉了。小人愚见，若得求得相公墨宝一幅交于小人带去呈与主家，做个凭证才好。"

说到这里，管家抬起可怜巴巴的目光看了看张遂，静候张遂回答。

"这个容易，只是……这个"张遂故作为难状，左右看了看身上的绳索，管家即刻命人给张遂除去绳索，又扶回书房坐定。张遂取出纸笔，略加思索便一挥而就，一幅字已铺在书案之上。

管家近前观看，果是一幅佳作，不仅墨迹笔力非凡，而且写的是一首贺喜诗。诗中尽言庆贺之意，并盛赞武三思是风流儒雅的天下第一大才子，还有届时将亲自登门贺喜的字样，落款处又用张遂名章押脚。管家看罢，喜滋滋地将墨宝收好，挥挥手领众家丁奴仆离了书房。

来到院中，管家又止步转身朝张遂拱手叮嘱道："明晨我等在武三思少爷府第门前专候相公，万莫失信！万莫失信！"便率众人一窝蜂地回武家府上报功请赏去了。岂知那贺诗虽通篇溢美之词，却是一首藏头七律，若将每句第一字连起来读，恰是："草包恶少，欺人太甚"八个字。

武三思手下人走远后，张遂心中暗忖：武三思把那幅字当堂高挂炫耀时，客人中难免有那吟诗作赋的行家里手，不难看破蹊跷。那时，众人交头接耳，掩口窃笑，又不敢言明的样子，何等令人捧腹。张遂想到这里，忍俊不禁，脸上不由现出笑容。但转念一想，今把武三思痛快一骂，固然给自己，也替世人出了口恶气，然而也必定把一场塌天大祸惹了下来。事到如今，虽说也只能把生死二字置之度外了，但若真被武三思害了性命，自己将再也无法靠平生才学去实现那成就一番事业的美好理想了，张遂眉头皱了起来。

兵法云："三十六计走为上"，张遂灵机一动，对，惹不起还躲不起吗？决心下定，不待天明，张遂连夜起身，远走他乡，避祸去了。可哪里才是理想的安身立命之所呢？张遂想到了山林古刹。那里远离凡世的喧嚣，那里令人心旷神怡。"徜徉于山林泉石之间，夷犹于诗书图画之内"是张遂的理想，"沐浴天地之灵气，以与山石为伴；跳出尘世的渣滓，而与古圣嬉游"是张遂的志趣。张遂沉浸在憧憬当中，眉头渐渐舒展了，被扰乱的心境也慢慢地安定了下来。

为了避免武三思有可能施加的迫害，张遂躲到了嵩山嵩阳寺。嵩山位于河南省登封县境内，耸立于中州大地，为五岳中的中岳。嵩阳寺位于太室山下，当时的住持是著名高僧普寂禅师，修习神秀一派北宗禅法。

何为北宗禅法呢？禅宗至唐分为南北两宗，北宗神秀主渐悟，南宗惠能主顿悟。五祖弘忍曾让众弟子各做一偈，以定衣钵传人。

神秀做偈："身是菩提树，心如明镜台，时时勤拂拭，勿使惹尘埃。"惠能做偈："菩提本无树，明镜亦非台，本来无一物，何处惹尘埃。"因惠能对佛教空性理解得更为透彻，故弘忍将衣钵传与惠能。但由于神秀势力大，惠能只得到南方去传法，由此禅分南北。南宗主张"禅不由坐"在理论上发聋振聩，在佛学发展史上地位显赫；北宗主张通过长年累月的参禅打坐，逐渐证得佛性，在实践上很有意义。张遂在嵩阳寺接受的无疑是北宗禅法。

张遂在普寂禅师指导下勤习静坐，普寂禅师见张遂一副文弱书生的模样，又谈吐不凡，先有几分喜欢，后听张遂谈了如何因不媚权贵而得罪了武三思，更觉张遂不仅有才气，而且有正气和骨气，言来语往之间，又感到张遂对佛门禅机也大有悟性，于是便有了收张遂为徒的想法。

普寂禅师经常给张遂讲授《心经》、《金刚经》、《楞严经》等佛教经典，张逐渐为佛学博大精深的理论所折服。有一次，普寂将张遂带到慧可断臂碑前对张遂说："二祖慧可为求佛法，在达摩门外侍立良久，雪没其膝。达摩说：'欲求佛法，除非天降红雪。'慧可为表示求法决心，自断左臂，血染雪红。你来寺中也已很久了，不知可有决心剃度为僧，一意修行？"张遂在嵩阳寺，晨钟暮鼓，耳濡目染，已有出家之意，听了普寂禅师的发问，便毫不犹豫地连声表示："愿意，愿意。"

于是张遂成了普寂禅师的入室弟子，被赐法号一行，取一心一意，勤行佛法之意。从此在大唐帝国里，红尘中少了一位才子，佛门里多了一位高僧。

游学四方

　　早春的天空分外美丽，无限开阔的原野充满了灿烂的阳光，蓝蓝的天空，白白的云朵，鸟儿在自由自在地飞翔。嵩阳寺住持正邀请远近沙门来风景宜人的嵩山举行盛大的法会。普寂禅师特意邀请了道高学富的当时著名的隐士卢鸿，请卢鸿为众僧开示。

　　卢鸿并不是一位鹤发童颜的老者，他的年纪只有三十五六的光景，然而满肚子的学识将他熏蒸得大有萧索老成的气象。卢鸿虽然佛学修养深厚，但毕竟不是出家人，白衣上座（俗人坐上位宣讲，叫白衣上座），是不合佛门规矩的，于是他请普寂找一聪明伶俐的和尚，由这个和尚代他宣讲。普寂将一行引见给了卢鸿。卢鸿对普寂说："我写了一千多字的讲稿，字僻文古，需要给这位小师傅好好地讲一下。"普寂将卢鸿的讲稿递给一行。一行看完后微微一笑，便交还给了普寂。卢鸿对一行的举动感到非常诧异。

法会开始了。大雄宝殿里，红烛高燃，香火缭绕。鼓声咚咚，钟声当当，不一会儿，众僧赶到大殿。又敲响了一声大磬，普寂禅师身披袈裟，缓缓来至佛龛前。众僧与一行各就各位。第三声磬响，众僧大礼三拜，接着便是梵音经典，声震山林。一行披着一身"海青"，脚穿"芒鞋"，在金身大佛前顶礼三拜，而后面对千余僧众，声音洪亮地脱稿宣讲卢鸿的讲稿，不仅内容毫无遗误，而且声调的抑扬顿挫，表情的起伏跌宕，把讲稿精神更深刻地表达了出来。卢鸿惊呆了，他直瞪瞪地望着一行，嗟叹不已。

法会后，卢鸿对普寂说："这个小师傅前途无量，不应局限于一寺一庙，应让他到外面去游学。"普寂禅师连连称是，欣然应允。

时光过得真快，转眼就是景云元年（公元710）。一日，已经二十八岁的一行正在向普寂禅师请教外出游学之事，忽然山门外，人声嘈杂，一沙弥仓皇奔前禀报："朝廷使者一行多人，已到山门外，口称奉旨礼请一行师傅回京拜官。"一行大吃一惊。普寂道："贤徒暂避密室，待为师前去看来。"即令大开山门，率众僧上前恭迎朝使。

一行自遁入空门，全心学佛，只知寒来暑往，斗转星移，哪管今夕是何年。原来六年前那位女皇帝便已下世，武氏全倒，皇帝又姓李了。现如今是睿宗复位，力图延揽知名贤达，重振朝纲，所以特别敕令东都留守韦安石，就近赴嵩阳，礼请张遂出山回京，朝廷要重用这位当年名噪京师的"后生颜子"。普寂明白了来意，忙令僧众安顿韦安石一行到上等禅房歇息，以嵩山特有的猴头、木耳、金针、嫩笋和珍稀蔬果等最佳素食招待贵人。自己连忙抽身回到密室，征询一行对是否应诏的意见。一行非常严肃地答道："师父在上，徒儿既已许身佛门，决无再返浊尘、进仕途之理。想当年武氏以暴力威逼，徒儿尚且不从，到今朝，李氏又图以名利相诱，徒儿就肯就范么！陶渊明不为五斗米折腰，徒儿我也不能改变初衷，折腰摧眉事权贵！望吾师明察！"说罢，两眼噙泪，双膝跪下。

普寂也不想让一行返俗回京，但他明白，这次非比当年，一是李唐王朝恢复，时势不同，二是来人位高权重，朝廷历来两京（西京长安、东都洛阳）并重，皇帝不在洛阳时委派的"东都留守"，相当于朝廷宰相，宰相亲自奉旨前来，且此人素有政声，颇孚人望。今若硬抗不遵，即使不见加害，亦恐不见谅于世道人心。总得想个两全其美的办法……他扶起一行那瘦弱的身躯，再看那双眼流泪时憔悴的面容，眼前一亮，有了，装病！只需稍稍作态，便是一副病入膏肓的模样。于是忙令两个僧人，左右搀扶着一行，步履艰难地前去拜见韦安石，声音微弱，时断时续地回禀道："小僧自幼……体弱……多病，近年……日见……加重。皇恩……浩荡……承蒙……错爱，又辱留守……大……人……亲……临……寒寺……"但见一行呼吸急促起来，停了片刻，才继续结结巴巴说道："小僧万分感激！无奈……宿疾缠身，久久……治不愈"一行有气无力地抬了一下眼皮，只见韦安石坐在上面心神十分不安，着急，就强挣扎着继续说了下去："眼看难支时日，大限不……不远了！有负……圣……恩，死……罪！死罪！"说完，便欲行大礼，趁下拜之机，一行就势跌倒在地，左右二僧急忙扶起。吓得韦安石噩地站起身来，忙道："免礼！免礼！请师傅回房歇息去吧！"

一场风波就这样平息了！

待众僧送别韦安石一行人马，回转寺内时，大家都忍不住大笑起来。

离开嵩阳寺，韦安石一路惆怅，嗟叹不已：想不到当年风华正茂的学界巨子，曾几何时，竟成这个样子！这都是武三思之流造的孽啊！

一行还有一些有关禅宗的问题，需要和普寂继续探讨，原来想再多待些时日，现在发生了这件事，只好提前离开嵩阳寺，开始了他那浪迹天涯的人生旅程。

一行打点行装，一副背囊，一个盂钵，告别了嵩阳寺的师友，他上路了。凭着自己的两条腿，跋山涉水，游学四方。这一路之上，少不了晓行夜宿，渴饮饥餐，赶上寺庙可以挂单，就投宿就食，赶不着就只好饥餐野果，渴饮山泉，夜宿山崖了。虽则苦不堪言，但一想到"读万卷书，行万里路"的古训，他就心里十分舒畅了。更况祖国的壮丽山河，无限风光，如诗如画，饱览无余，更平添几分快意。他到处寻访山林隐逸、古刹高人，请教求益。他足底生风，到底经历了多少时日，走过了多少路程，他已记不清楚了。只觉得足下芒鞋换了一双又一双，而背上行囊却一天天渐见鼓起，他的手录笔抄日渐增多起来。一行还在奋不顾身地前行。这一天，他来到了天台山脚下。

天台山在浙江天台县境内，距离古越政治、经济、文化中心绍兴比较近，因而早就闻名于世。它的出名，还与它是佛教天台宗的发源地有关。

天台宗是隋代形成的我国创立最早的一个佛教宗派，因创始人智顗住在天台山，故后世称之为天台宗。天台宗敬奉的权威经典是《法华经》，其学说特点是确立了定慧（止观）双修原则。

智顗去世后，隋炀帝杨广按其遗愿在天台山造寺，并赐"国清寺"之额。一行此来，正为拜访国清寺高僧。

国清寺坐落在天台山华顶南麓溪谷中，四面环山，一溪横贯，古木参天，十分幽静，一行拾级而上，林木丛中渐露出一个红墙青砖大院，国清寺到了。国清寺规模宏大，有殿屋600多间，依地势自然展布，由低到高，幽深中见雄伟。整座寺庙深藏在古松巨樟和茂林修竹中，人到寺前，唯见"隋代古刹"一照壁，却不见大寺的真面目，只有层层递进，方见其深广。可以说国清寺是大建筑群与幽深环境和谐协调的典范。

一行正欲叩门，一小沙弥出门说道："师傅说今日有人远道来求学，可是你吗？"一行说："正是。"小沙弥说："跟我来吧。"一行随小沙弥沿甬道穿过几座大殿，到了方丈室，方丈室内端坐一位老和尚。老和尚给一行的第一眼印象便是他的头面部，本已宽广的前额在象征智慧的光头的衬托下显得更加宽广，从鬓角一直延伸到下颌的白白的胡须没有一丁点杂色，深邃明睿的眼睛似乎能洞察一切。他便是一行千里寻访的国清寺高僧。激动兴奋愉快喜悦交织心头，使一行忘记了一路的疲劳。一行赶忙自我介绍，说明来意，高僧对一行慈祥地一笑，转首对小沙弥说："你去给这位师傅安顿一下。"又对一行说："你先早点休息吧。"

　　第二天，一行早早地去拜见高僧。一经交谈，才知道高僧不仅精通天台宗教义，而且擅长算筹之术。算筹是我国历史上特有的一种计算工具，是一种用于计算的小短棍，一般用竹子做成，也有用其他材料制作的。用算筹可以表示任何自然数，并在此基础上进行运算。算筹运算的特点是从高位算起，这是一种非常先进的运算方法，今天被我国列为当代"智能工程"，同时也被联合国教科文组织誉为教育科学史上的奇迹。

　　一行得知高僧擅长算筹之术，真是喜出望外。他虔诚地向高僧求教。

　　一行天资聪颖，勤奋好学，再加上高僧的悉心指点，不久便精通了算筹之术，为日后成为杰出的天文历算学家，在历法上取得辉煌的成就奠定了坚实的基础。

　　一行辞别高僧继续游学去了。

　　曙光初照，晨钟始鸣。一行风尘仆仆，又游学到了湖北荆州当阳寺。寺外山峦重叠，远处如淡墨轻染，近处如浓墨重皴。寺内殿宇耸峙，回廊曲折。青苔爬上了阶沿，藤萝抵拂着栏杆。寺前的古树上常有猿猴攀援啼叫，寺后的水池里盛满了岩间渗下的清泉，丹顶野鹤常到这里来栖息，只有和尚们洗钵盂时，它们才飞起来。

夜色四合，暮鼓三通。方丈室的窗户透出灯火，方丈室内，一行正向当阳寺住持悟真请教律藏。佛教典籍分为经、律、论三藏，其中律藏是佛陀为教徒制定的必须遵守的规则，即人们熟知的佛门戒律。佛教三学：戒、定、慧，戒是定、慧的基础，它为定、慧提供必要的条件。一行在嵩阳寺修习的禅宗和在国清寺修习的天台宗，重在定、慧，而悟真则钻研戒律，是当时著名的律宗大师。

"律己者为教化于人之本，而今律宗之学极少有人问津，更谈不上深研力行，实在是佛门的不幸啊！"悟真深深叹了口气，接着语重心长地对一行说道：

"做一个比丘，就应当做得像个样，可如今各寺庙都有一些律己不严者，使戒律成为一句空号，想来实在令人痛心啊！"

悟真的话使一行深受震动，是啊，无论做什么都应该做得像个样。为纯洁佛法，他要研习律宗。他把他的想法告诉了悟真。悟真高兴地将律宗的主要典籍《十诵律》、《四分律》、《五分律》和《摩诃僧祇律》郑重地交到一行手中说："我看你就是最适当的人。"一行双手捧住律藏，感动得说不出话来。从此，一行便在当阳寺中研读律藏，并在这里完成了他的重要律学著作：《摄调伏藏》。

宫廷和尚

在一行出家游学的这些岁月，统治阶级上层集团已连连更换了好几位皇帝。一行出家时，还是中国历史上第一位女皇武则天当政。神龙元年（705），以宰相张柬之、崔玄暐为首的政变集团逼使年迈的武则天让位于太子中宗。中宗复位后，皇后韦氏专权，中宗三子李重俊为反对韦后发动政变，结果被杀，不久中宗亦被毒死。中宗四子李重茂被立为"过渡天子"后，韦后为登上女皇宝座，密谋除掉主要政敌睿宗及其子李隆基。危急关头，李隆基发动政变，突袭后宫，杀了韦后。睿宗复位后，又夹在其子李隆基和其妹太平公主两大政治势力之间。公元712年，李隆基先发制人，首先举兵发难，迅速扑灭了太平公主及其全部党羽的势力，完全控制了中央政权。令人眼花缭乱的权力角逐至此才算告一段落：唐玄宗李隆基即位。

玄宗登基，为巩固其皇位并提高声望，连下两道求贤诏敕，开元五年（717）又下诏访求唐初功臣子孙。一行既以博学多才闻名朝野，又是唐初功臣之后，自然是在访求之列。正好一行的叔父张洽在朝任礼部郎中，玄宗命他亲自去强请一行出山。

一行正在寺中攻读律藏，突然，张洽上山，说是当今天子英明睿智，求贤若渴，让一行赶紧收拾行装，随他回京。一行说："侄儿愿身居山寺，研读佛经，清风明月伴此一生。不求富贵，更无意于功名。请叔父不要见怪。"张洽听后勃然大怒，先骂当阳寺小而无名，不值得留恋，继而又责怪悟真把贤人才士隐藏起来，有负国家。接着，他气冲冲地说："我张家世代书宦，为国尽忠，礼有大伦、君臣之义，岂可废哉！此番你定要随我回京。"一行虽喜欢山林雅趣，佛经梵呗，虽厌恶名利角逐，官场争斗，但仍不失济苍生、安社稷的宏愿，仍然对国家命运无限关心。在张洽以叔侄之情，以君臣之义，再三劝说下，一行终于踏上了回京的路。

悟真和尚一直把一行送到寺外，两人依依道别。一行走一走，又回头看看，走一走，又回头看看。当阳寺越来越远，越来越模糊，只剩下黛色一抹，眼看就要从视野中消失了，悟真和尚仍站在寺门，凝望着一行的背影，远远望去，就像一尊佛像。

长安城到了。城门大开，上首三个金光闪闪的大字：春明门。高高大大的三个门洞，入由左，出由右，行人熙来攘往，却是秩序井然。往上望，是一整齐的女墙，女墙后面站着头戴羽盔，身穿金甲，手执长戟的禁军。再往上望，是巍然耸峙的城楼，它的飞檐山脊和雕梁画栋好像嵌在蓝天上。一行由春明门进城，折过朱雀大街，来到皇城外驿馆，暂住一宿。次日一早，便有内侍前来传旨，领着他由朱雀门穿过三省、六部办公的皇城，从丹凤门进入大明宫，在青砖铺彻的又宽又长的坡道上一直往上走，约摸一顿饭工夫才到达气势雄伟的含元殿。昔时一行只能远远地望见它巍峨的轮廓，而今他站在这里俯瞰全城，果然终南渭水，尽收眼底，长安市容，一览无余。一行不禁叹道："好一座大唐帝国的都城！"一行紧跟内侍，绕过栖凤楼，经过麟德殿，约两袋烟工夫，才来到金銮殿。一行远远地便见殿外警卫森严，殿内香烟缭绕。内侍吩咐他在阶下稍候，自上殿去了。少顷，只听殿上一声高喊："圣上有旨，宣一行上殿！"仍见先前那个内侍来领着他沿汉白玉石阶走了上去。只见地上铺着大红地毯，两旁站着不少文职官员，当中宝座上端坐一人，白面而黑须，气宇轩昂，乌纱帽沿上嵌着一块白玉，绛纱袍当胸绣着一团盘螭，腰系宝钿珍珠带，足登白底乌皮鞋，不用说，这正是开元天子李隆基。一行紧趋几步，刚刚拜伏在地，玄宗便叫"平身"，并吩咐"赐座"。一行撩起袈裟，侧身坐下。只听得玄宗从容不迫一字一板地说："朕自登基以来，广开贤路，亲选良才，大者为栋梁，小者为柱石，山林野遗，靡不毕至。卿何其来迟？"一行心想说："若非族叔强逼，恐我此时还在当阳寺呢。"但他却只能说："只因贫僧久居僻壤，耳目闭塞，又兼疏懒成性，不堪识拔，自弃圣朝，久负明时，望乞恕罪！"玄宗想，此人学问道行都很精深，今日初次上朝，何不让他显露一二，也让朝臣们开开眼，大家高兴高兴，于是向一行提出："朕久闻禅师大名，今日幸得相见，可否见教一二？"

一行心想：这是要我的"见面礼"啊！真是位聪明的皇帝，是叫我证明他的识人之智、揽贤之能，以服众人啊！在进宫的路上，一行已经思忖过，在这种场合，决不适宜谈什么经史子集、阴阳五行、天文历法、《易》与《太玄》，只需使出点"雕虫小技"，赢得众人喝彩，君臣同乐，活跃一下气氛，就可以了。于是赶紧答道："臣蒙陛下错爱，实无所长，但略能记览耳！"

玄宗听得明白，一行是想做个强记的游戏，太妙了，正合吾意。于是急令内侍速取"宫籍"来。这"宫籍"就是宫内全体宫人的户口册，那上面记着每个人的姓名、籍贯、年龄、入宫日期等等。内侍把它双手递给一行，一行就殿下展开，从头到尾速速看了一遍，然后很泰然的双手奉还。玄宗将宫籍展开案上，请一行背述。只见一行走上一步，又退后一步，右手半举平头，大声朗念起来。开始还一条一条慢慢念，似作回忆，念着念着，越念越快，声音也越来越高，弄得玄宗和内侍们翻看都跟不上，只好下令请停。玄宗连忙从宝座上下来，向一行深施一礼，说道："禅师真圣人也！"那站列两旁的大臣们，先是窃窃私语，继则屏住呼吸，终则齐声欢呼雀跃，整个朝堂热闹极了。等玄宗重新坐定，众人一齐拥上前来拜贺。有的说"谨贺陛下探海得珠，举网罗凤。"有的说："谨贺圣朝济济多士，万邦咸宁。"有的说："元首明哉，股肱良哉！"……最后大家同声高呼"万岁、万岁、万万岁！"庆贺已毕，玄宗又吩咐赐宴，于是鼓乐齐鸣，又是歌舞翩跹，又是高谈阔论，又是吟诗作赋，直热闹了一整天。御筵之上，大家又向一行庆贺一番，又歌颂了一番皇恩浩荡。

这一天下来，一行只觉得头脑嘈嘈然，耳际哄哄然。这场景比起山林古刹的淡泊宁静祥和的氛围简直是天壤之别。然而既来之则安之吧，既蒙恩宠，当思报效。于是一行寓所的两侧墙上挂起了两堂字屏，上面书写的是诸葛亮的前后出师表。一行对这两篇名作早已烂熟于心，此刻，他又兴致盎然地从头至尾逐字逐句地朗读了一遍。读到"臣本布衣，躬耕于南阳，苟全性命于乱世，不求闻达于诸侯。先帝不以臣卑鄙，猥自枉屈，三顾臣于草庐之中，咨臣以当世之事。由是感激，遂许先帝以驱驰"时，一行思想产生了极大的共鸣。再往下读，诸葛亮的忠肝义胆，深谋远虑，和一片忧国忧民之心竟使一行感动得流下泪来。一行想，他所处的时代虽然和诸葛亮不同，但那种为国为民，鞠躬尽瘁，死而后已的精神，凛然与日月争光，确实万世不朽。一行突然觉得，比起他所向往的隐世高僧，诸葛亮更是自己景仰的人物。于是，一行虽没有还俗为官，但开始以宫廷和尚的身份参与政治。

唐玄宗对一行非常尊重，起初安排他住在光太殿，后因他习惯于寺院生活，又让他住在华严寺。玄宗经常向一行咨询国政，或与同食或与共游，或通宵达旦，彻底长谈。一行自幼熟读经史，又了解下层人民疾苦，所以时常能够提出一些安国利民的良策，深得玄宗宠信。开元十年（722），玄宗之女要出嫁了。玄宗敕令有关部门大操大办，依照当年太平公主的排场。一行听说以后，率直进言说："为国之道，崇尚节俭。上行下效，不可不慎。况且高宗末年，只有一女，所以特加其礼，又太平公主骄奢僭越，终于获罪，不应引以为例。"玄宗听后，立即追回了敕令。

一行以出世的心态积极入世，成了唐玄宗的政治顾问。但他皈依佛门，矢志不渝，探究佛学，从未懈怠。开元八年（720），印度密教高僧金刚智、善无畏等来到中国，抵达长安。已经年近不惑（38岁）、功成名就的一行仍然虚怀若谷，好学不辍。他拜金刚智等为师，向他们学习佛教密宗的经典和印度的独特的天文历算知识，并和这几位著名的印度学者合作，一起翻译了《陀罗尼经》、《大毗卢遮那经》、《大毗卢遮那神变加持经》等许多密教经典，对密宗在中国的传播起了决定性的作用，并且很快由日本遣唐学问僧传习到日本，形成了今日的"东密"。由于一行先后对禅宗、天台宗、律宗和密宗等均作过深入的学习研究，所以对于佛理他能够融会贯通，终于大彻大悟，形成了自己的许多见解。在回到长安的这些年里，一行撰写了《释氏系录》、《梵天火罗九曜》、《宿曜仪轨》等一批自己的佛学著作。

建议改历

一行在回到长安的最初几年，除了做玄宗李隆基的政治顾问外，主要是从事佛学研究，一时撰述译著甚多。开元九年（721），由于当时行用的麟德历预报日食连连失误，根据一行的建议，唐玄宗下诏改定新历，并让一行全权负责这一工作。这是一个至关重要的转折，从此，一行把它的主要精力倾注在天文历法工作上，成了中国历史上少有的一位身披袈裟的科学家。

麟德历是高宗（李治）麟德元年（664）颁布的，是当时大天文学家李淳风在隋代天文学家刘焯编制的皇极历的基础上制订的。在当时是一部相当不错的历法，所以从高宗时期起历经三代（高宗、武后——中宗、睿宗——玄宗），行用了半个多世纪。一行深知，中国历史上再好的历法，沿用时间一久，就必然产生较大误差，最明显的莫过于对气朔和日月食的预报。

我国是世界上最早出现成文历法的国家之一。在先秦时期便已制定对指导农业生产十分有效的"阴阳合历"，它既根据太阳的周年视运动（地球绕太阳公转的反映）的周期来确定"年"的日数（回归年），又根据月亮的圆缺变化的周期来确定"月"的日数（朔望月）。但由于十二个朔望月只有354天，比一个回归年（365.25天）要少十一天多，三年后就相差一个多月，不到九年，四季就将与实际气候完全不符了。古人用设置闰月（即隔若干年增加一个月）的办法来解决这个矛盾，并不断总结置闰规律，先后出现过三年一闰、八年三闰、十九年七闰……一直到南朝祖冲之用391年144闰。但无论怎样改进闰周的推算，只能趋近合理，无法最终解决，因为365.25与354之间没有公因数。所以古代历法预报季节只有相对的精确性，需要不断地改革，故到一行前已经出现过的历法有23部之多。

24节气入历，是我国历法的特点和优点。古人最初是将一个回归年365.25日均匀地分成24等分，每过15.2日交一个节气，叫"平气"，即按平均时值定气的意思。但节气是由太阳的位置决定的，而太阳的运动并不是等速的，不可能每一气都经历15.2日，因此用平气来定节气就不精确了。这个问题最早被北齐张子信发现后，到隋代刘焯便提出了改革，将黄道（太阳的周年视运动轨道）一周天（365.25度）均匀地分成24等分，让太阳每走15度多交一个节气，这样每个节气太阳所走的路程或角度是相等的，但时间长度便不相等，冬至前后，一个节气只有14天多，而夏至前后一个节可将近16日，这样按太阳实际位置来定的节气便叫做"定气"。

"朔"是一月的初始，这一天月亮和太阳走到地球的同一侧，人们完全看不到月亮，要靠推算来求得。先秦时代是根据76年内含27759日和940月推得一个朔望月的长度为29.5日，由这个平均朔望月长度推算出来的每月的朔日，叫"平朔"。但日月的运动速度都不是均匀的，所以日月合朔就未必都在平朔这一天内发生。于是历史上就屡屡出现历法与天象不符的"朔晦弦望非是"的现象。朔望测不准，当然对日、月食的预报也就必然不准确了，因为月食只有在望日，日食只有在朔日才可能发生。我们的祖先早已发现问题的症结，东汉贾逵便论述过"月行迟疾"，汉末刘洪便提出了相应的求"定朔"的办法，对相对准确地预报日月食作用极大。但由于习惯势力的阻挠，长期未被采用，仅在唐初傅仁钧造戊寅历时正式开始使用。

除了上述由于太阳和月亮运行速度的不均匀性以及二者运行周期的不相协调，古人只能找到逐步接近真实的近似计算方法外，影响历法精确度的另一个问题便是"岁差"。"岁差"是天体力学上的一个复杂问题，就其表象而言，就是太阳从冬至点出发在视运动轨道上走完一个回归年的时间内，并未像人们长期认为的那样又回归到原来冬至点的位置上，每年都要差那么一点点。东晋人虞喜发现这一现象时，把它称之"岁差"。祖冲之首次根据岁差来修正历法的各种数据，使他的大明历精确度大为提高。

这些历法史上的问题，一行十分熟悉。所以当开元九年朝廷负责编历的太史局官员依麟德历几次预报日食都不灵验的时候，一行马上敏锐地意识到：又一个创制新历的时代到了！

　　但他是一个出家的和尚，不是太史局的官员，"不在其位，不谋其政"，在封建时代的政权机构里，越权的言行，常会使自己成为众矢之的，况且，他的天文历算的才学，当时并未十分显露出来，而当时在天文历算学界已经声誉卓著的名师大家的确是大有人在，如历官陈玄景、善算瞿昙撰（印度专家）、太史监南宫说等等。一行不得不考虑自己行动的后果！

　　但他想到颁布历法是王权的象征，历法是否精确，乃是关系王朝威信的国家大事。一行亲眼看到，唐王朝好不容易从武则天之后的多年动荡困境中走出来，出现了"开元盛世"。为了天下苍生，这个安定、繁荣的政治局面，值得珍惜！历法疏误，不仅授时不准，贻误农时，影响农业生产，在经济上给国家造成损失，而且在那个崇尚"天人感应"的时代，像预报日食这样的大事，如果一而再，再而三的失误，弄不好就会引起人心浮动，造成政治动乱，葬送开元盛世。他不是一般的出家人，他是宫廷和尚，是皇帝的顾问！科学家忠于科学的勇气，加上读书人忠君爱国的良心，促使一行义无反顾地要管这件事情。他没有多想，就径直造访宰相府，向当朝宰相张说详细陈述了必须改制新历的种种理由。张说平素对这位博学多才的和尚就有所敬重，今天亲耳听到他的侃侃陈辞，更觉十分有理，事不宜迟，忙唤"备轿"，连夜进宫，禀告玄宗。

玄宗正在秉烛批阅各地奏章，有呈报灾情的，有建议兴修水利的，有保荐人才的，正当盛年的李隆基越看越高兴，越批越来精神，丝毫不觉困倦。正在兴头上，忽听内侍来报："宰相张大人进宫来了！"玄宗更加高兴起来，连忙起身："请进，赐坐！"

张说这位有名的文武双全的宰相，早在李隆基当太子时，便是东宫的侍读，整天伴随李隆基左右，讲经说史，谈古论今，又曾为李隆基登大统立下汗马功劳，李隆基对张说始终是心怀感激之情的。所以今天还未等到张说开口，玄宗即用手点着那堆奏折开言道："关心朝政得失的人越来越多，这正是我所期望的，这，有您这位宰相的功劳啊！"张说也直言不讳："臣今晚进宫，是给陛下送来一位更关心朝廷大事的人的一个重要建议！"

"是么？太好了，请讲！"

于是，张说把一行和尚的长篇大论加上他自己的意见，原原本本、详详细细地向玄宗陈述了一遍。

开元前期的唐玄宗，豁达大度，从谏如流，锐意进取，知人善任。他一边倾听，一边不时点头，还偶尔情不自禁附合一两句，心里有说不出的高兴。但等张说奏完，却故意问道："照爱卿的意思，这祖上制定的麟德历是非废除不可了么？"

张说答道："是的，陛下。自古以来，没有不变的历法。一行禅师向我讲述了包括先秦古六历（黄帝历、颛顼历、夏历、殷历、周历、鲁历）以来颁行过的23部历法的经过，哪一部历法颁布时候都认为是最好的，远的不说，就说前隋吧，朝代虽短，只30年，就出现过三部历法，除刘焯皇极历未予颁行外，张宾主持修订的开皇历只用到开皇十六年（596）便废止了。张胄玄订的《大业历》从开皇十七年（597）起用，到隋亡后也就废止了。我大唐开国以来，太祖武德二年（619）起用傅仁均的戊寅历，首次用定朔排历日，后人评价很高，但也只用到高宗时期，便感到疏误越来越多，这才颁行李淳风的麟德历。麟德历的创造更多，当年朝野一片称赞，现在呢？竟然连连出现这样大的差误！事实上，它已经用了60多年，已经是很不错的啊！是该换新历了。"说到这里，张说咽了一口唾液，顿了一下，继续说道："这个一行，真不愧当年尹崇夸他为'后生颜子'，真是名不虚传啊！历史上曾经出现过的几十部历法，经行过的，编制好但未颁行过的，各自都有哪些优缺点，他如数家珍一般，对我说了一个遍！"

玄宗聚精会神地倾听，两眼直盯着自己的宰相，等着他继续说下去。但张说却把话打住了。玄宗这才接话道："那么，要编撰新历，这副重担应该交给谁最适合呢？"

张说斩钉截铁地答道："非一行莫属！我从一行的谈论中看出他不仅对天文历法史了如指掌，而且对天文历法中的重大问题、关键问题、造成历法不可能一劳永逸的原因，如日月盈缩、岁差、气朔等都有超越古人的一套独到见解。让他主持制历工作，肯定成功！"

"爱卿所奏，正合朕意。"君臣二人不由得站起，相视而笑起来。

"不过，陛下……"张说敛起笑容，态度严肃起来。

"不过什么？有话直说嘛！"玄宗催问。

张说道："陛下，一行禅师跟我讲了一个故事——"

"请讲！"玄宗示意张说坐下，二人重新落座。

"陛下知道前隋时期有三部历法，其中刘焯的皇极历为何没有颁行吧？据一行讲，其实，隋代最优秀的历法是皇极历。我朝李淳风制麟德历还是以皇极历为基础的咧！"

"啊？"玄宗惊讶了一声。张说继续说了下去。

"刘焯，本是冀州博士，是有隋代最杰出的天文历算学家。文帝杨坚早有所闻，在开皇三年（583）就曾颁诏让他修撰历法。杨坚身边当时有一位名叫张宾的道士，此人自称洞晓星历，在杨坚取代北周，夺取皇位的过程中，曾经用相面术为他制造过舆论，立了大功，杨坚十分宠信他。其实这个张宾并无真才实学，他不过是将南朝时何承天的元嘉历略加增损，改头换面，作为自己编撰的新历献给杨坚。这就是前面所讲的开皇四年（584）颁布的隋代的第一部历法开皇历。可想而知，它的质量当然是落后于当时整个天文历法发展水平很多了。当时真正有历学水平的刘孝孙和刘焯就上奏朝廷，指出了开皇历不用岁差，不用定朔等许多严重缺陷，结果张宾勾结太史令刘晖合谋污蔑他俩'诽毁天历'、'惑乱时人'，将他二人赶出京城。后来张宾死了，刘孝孙再次进京上书。这时的太史令还是刘晖，此人十分狡诈，他一方面扣压下刘的奏章，一方面把刘骗进他管辖下的司天监，让刘有职无事，架空起来。刘孝孙悲愤之下，抱着他的历书，用车子推了棺材到皇宫门外恸哭死谏，这才引起杨坚的注意，杨坚命人评比各家历法的优劣。这时，司天监的另一个官员张胄玄也乘机出来批判张宾，并也献出自己的历法。评比结果，证明开皇历的确错误很多，当下，刘孝孙要求朝廷先将刘晖斩首，再定新历。这一下子冒犯了隋文帝的尊严，就这样，刘孝孙的历法最终还是被搁置一旁，不久刘孝孙便死了，这时张胄玄就乘机一方面用伪造天象吹捧杨坚的卑劣手段讨得主上欢心，另一方面又勾结朝中几位重臣和太史令袁充，尽力排挤、压制刘焯。刘焯虽是十分努力，尽其所学，在刘孝孙历法的基础上再加增损，进一步完善，撰成了皇极历上奏，但被张胄玄、袁充之流，利用职权将它压下，并且于开皇十七年（597）抛出了他们自己的新历，这就是隋代颁行的第二部历法——大业历。张胄玄的这部历法只不过在祖冲之，刘孝孙等人历法的基础上有些改进，但对刘孝孙历法中的关键内容定朔方法还是没采用。没出几年，开皇20年（600），就出现差误。刘焯又进一步增修自己的历书，且列举了张胄玄历法中536条明显疏误，并一一予以驳正，但仍然得不到支持。一直到文帝归天炀帝即位，大业四年（608），太史又奏大业历预报日食全无效应，炀帝这才召见已经67岁的刘焯，本想启用他的历法，但当时太史令袁充正得宠于炀帝，加上炀帝左右许多人，都不喜欢刘焯这个倔老头，他们狼狈为奸，诽谤刘焯，不久刘焯便与世长辞了，这皇极历终隋之世也没有经行过。多可惜啊！"

　　玄宗静静地听完故事，眼珠微微转动了几下，说："好！我听懂你的意思了。在制历问题上，第一，既然相信一行，就要专任于他，让他有总揽全权，此即古人所说‘疑人不用，用人不疑’的道理吧！第二，现在我朝懂得天文律历的强手如云，人才济济……"

"但像陛下那样深谙音律的人却不多！"张说插了一句出自内心敬佩玄宗的话。

"……如果出现意见分歧，由我们主持会议，让各方充分陈述己见，互相辩驳，最后让事实来验证，谁的历法更精密，就采用谁的，决不凭我们个人感情用事，搞行政干预。我的好宰相，您说对吗？"

"陛下圣明！陛下圣明！"张说惶恐不安地连声称谢！

"就这么定了！明天早朝朕就正式颁诏，令各省、部、曹、司、监就制历所需人力、财力、物力各方面全力支持，让一行禅师大权独揽，充分施展平生所学，大胆创造，搞出一部无愧于我开元盛世的好历法来！"

创制新仪

我国编制历法自古以来便有一个好传统，即以天文实测为基础。一行十分了解，迄今出现过的优良历法，无一不是经过制历工作者的长期、艰苦的天文观测实践，取得精确数据之后取得的。所以一行刚一受任，第一件事便是请太史监（国家天文台）组织全体观测人员，全力以赴，重新测定28宿距度、昏旦中星、昼夜刻漏，特别是要直接测出日、月、五星运行的黄道度数，逐日上报基本数据。这下子可难倒了太史监官员了——当时不是缺人的技术，而是缺物的设备，偌大一个唐王朝的太史监，竟拿不出一件像样的天文仪器来。

听到太史丞南宫说的报告，一行立即到司天监观测现场灵台亲自考察了一番，发现那里真的没有合用的观测浑仪，更谈不上浑象和其他。"工欲善其事，必先利其器"，面对那一堆破旧不堪、无法使用的旧仪，一行的思绪一下子回到那遥远的古代。我们聪明睿智的先人不断制作并不断改进天文仪器的历史，一一浮现在一行的眼前。

我国古代传统的天文观测仪器通称"浑天仪"（简称"浑仪"），后来又从中分出一类专用于演示天象和推算的叫"浑天象"（简称"浑象"）。我们的远古祖先根据直觉，相信天是圆的，所以把布满日月星辰的美丽静谧的天穹称为"天球"，并认为天就像一个鸡蛋，地球像鸡蛋里的蛋黄一样位于其中。这种关于宇宙结构模式的学说，称之为"浑天说"，它是我国古代的宇宙理论中流行最久的一种，东汉大科学家张衡在他的著作中便集中论述过这种理论。我国一些天文仪器都是按照这种理论设计制造的，所以都冠以"浑天"二字。

最初的浑仪很简单，就是几个代表天球各个大圈的圆环和一根望筒（"窥管"）。其主要部分：一个是"子午环"，代表过天球南北极的经线圈：一个是"赤道环"，代表天球的赤道。子午环与赤道环垂直安置。"子午环"和"赤道环"的环面上都刻有周天度数。人们从望筒里观察某个天体时，可借助这些圈环上的度数来确定该天体在星空中的位置。

张衡不仅从理论上完成了当时最先进的关于宇宙构造和运行的"浑天学说"，而且按照这个学说，在前人工作的基础上，于公元117年创制成功一套新的仪器，观测用铜铸浑象的圆径增大了一倍，首创了自动化的演示天象的系统，开辟了我国以水为动力的自动化天文仪器的传统，成为世界上机械天文钟和转仪钟的祖先。

在张衡之后，重新铸造新仪的是东晋十六国时期的孔挺。孔挺在光初六年（323）制造了一架供观测用的浑仪。据《隋志》记载，孔挺仪有内外两重结构。外重有子午环、地平环、赤道环。三环相连。地平环南北两点与子午环相交，东西两点与赤道环相交，四个交点处用四根柱子支承，固定在基座上。内重只有一个双环，即后世的"四游环"，按子午方向安装在南北极轴上，可以绕轴东西运转。在这个环的双轴间安装一根孔径一寸的窥管，窥管的中点设有关轴与双环轴相连，于是窥管便可在双环间隙内南北运转。转动四游环，可以把窥管带向任何一个天体所在的赤经线，再转动窥管，就可以把它朝向这条赤经线上的任何一点，所以能够观测全天空任何一处的天体。孔挺仪有两大特色：一是环更大，可进一步提高观测的精确度；二是两重制，使用方便。

一行的思绪回到唐代，对南宫说道：

"仪器虽然屡建屡毁，但仪器的制作，却还是一代总比一代强啊！我大唐开国，李淳风不愧是贞观时期的大天文学家，他在贞观七年（633）制成的'浑天黄道仪'，便有很多地方超过前人。正如你所知道的，李淳风制造的浑仪与前代浑仪相比，主要是增添了三辰仪。三辰仪中，他把黄、赤道两个环结合在一起，赤道环上刻有二十八宿距度。这样，在观测时只要利用内重的四游环把赤道环和二十八宿的赤道方位对准，黄道环也就与天黄道平行了。同时，利用它还可以直接读出所测天体的入宿度。另外，由于天文观测要求越来越高的精确度，需要分别计量黄道度数和白道度数，所以李淳风特别添加了一个白道环，这是李淳风的首创。而且白道环不是固定的，他在黄道环上打了二百四十九对孔，每过一个交点月就把白道移动一个孔，用以符合黄、白道交点的不断移动。"

一行站在灵台高处，极目远眺雄伟壮丽的长安城，思绪万千，自言自语道："张衡、李淳风都创造了无愧于他们那个时代的先进仪器，我们……"

南宫说看到一行两眼射出一道深邃而坚定的光芒。他明白，一个创制新仪的伟大设想，一行已经成竹在胸了。于是上前道：

"禅师若想重新创制新仪，我南宫说愿跟随左右，效犬马之劳。这也是我的分内之事。"

一行道："设想是有，以我开元今日的综合国力，在财力、物力上毫无问题，只是，缺人啊！需要鲁班、马钧那样的能工巧匠啊！"

一听到这里，南宫说大声笑了起来："禅师有所不知，现成的'鲁班第二'、'马钧再世'，就在这里！"

一行也不禁欣喜起来："是吗，请讲，是谁？"

南宫答道："他姓梁，双名令瓒，现正在明正书院待制闲着，没有实事可干哩！"

"请说说他的实际情况。"

"此人，我了解他，我和他虽不是八拜之交，却也算情投意合。他在东宫任职多年，先后当过率府兵曹、率府长史，可以说都是用非所用。他在机械制造方面，有着绝顶聪明。他曾造过一个镂空银熏球，表面透雕飞鸟和葡萄纹饰，中央可以分成两半，内部有两个同心圆机环，机环有轴，无论熏球怎样滚动，承环内的香盂都是口朝上，香料不会撒泼出来。诸如此类的小玩意，他做得不少。可以这样说吧，只要你能想出来，他就能做出来。绝没有错，我敢保证。"

听到这里，一行不由地以手加额谢道："天助我也！请太史丞立即通知他，我们明日在太史监再见。"

一行回到住处，食漱已毕，禅床稍事静坐，脑子里却翻江倒海一般。他要造出无愧于开元盛世的新的天文仪器来，上不愧古人，下遗泽于后世。既入定不得，于是干脆下了禅床，坐在案前，拨亮香烛，摊开一张大纸，绘起草图来。

一行的思路集中在黄道上。一行想："不直接测出天体运行的黄道度数，误差问题怎么也解决不了。李淳风仪虽有黄道，但与赤道死接在一起，不能反映黄道沿赤道退行的岁差现象。不解决这个问题，历法难以提高精确度。"想到这里，一行提起笔来，在一张纸上题上了"黄道游仪"四个大字。

第二天一早，万里晴空。对长年守在灵台上的观测人员来说，每遇到这样天气，大家都要相互祝福一番。今天一行的心情也很好，他临时改变主意，请南宫带梁令瓒到灵台见面。

梁令瓒举止稳重，为人忠厚，言语不多，但思想敏锐，一点即透。一行将黄道游仪的设计目的要求给梁令瓒一讲，梁令瓒便拿出了方案："就在三辰仪的赤道上每一度穿一孔，改死接为活接，让黄道按岁差数据，每隔若干年，后退一度。"显然，梁令瓒是受李淳风白道环设计思想的启发，并创造性地运用了它。

解决了黄道环退行问题之后，一行提出了简化设环问题。三人一致同意，去掉最外重的赤道环。

"但去掉赤道环后，六合仪只剩下两个支点了。如此重大的浑仪，只给两个支承点，天长日久，必然会发生形变。"梁令瓒说。

"你考虑的很对。这么办吧，改用一个过天顶的东西放置的卯酉环，这样可以一举两得，既保证浑仪的机械强度，又可满足更多的观测需要，如正东西方位、天顶距等。"一行想了想，说道。

详细方案已定，僧一行给梁令瓒具体交代任务：

"第一，由您全权负责，拿出全套设计图纸并监督制造，冶工、铸工、金工、木工，全体工程技术人员，由您在朝廷内外物色人选。第二，按现在决定的各环的大小粗细，详列需铜总量，列出清单，和图纸一起呈给宰相张大人。第三，为慎重起见，第一步先搞预制研究，用木料代替铜。先制作出游仪木样，交付灵台试用，证明准确无误后，再动工铸造铜仪，这样，既取得了施工经验，又锻炼了技术队伍，还可在试用中发现问题，进一步修改完善设计。"

梁令瓒的确是我国盛唐时期的杰出机械制造专家。没过多久，游仪木样造成，僧一行仔细验过，完全合格，然后移交太史监，让南宫说试验于观测。连续几十个昼夜，全体观测人员无不拍手叫好，既方便于观测，又易取得精确数据，于是一行正式上书玄宗：

"黄道游仪，古有其术而无其器，昔人潜思皆未能得，今令瓒所为，日道月交，皆自然契合，于推步尤要，请更铸铜。"

玄宗旨下准奏。于是一场冶铸大会战开始了。

受一行委托，梁令瓒不仅担任总设计师，而且还担任工程总指挥，不仅施工图纸精心设计周密细致入微，而且工艺程序安排井井有条。从三辅地区和各地调来的全体工程技术人员各就各位，分工合作，在工地上有条不紊，热火朝天干起来。由于昼夜施工，天未明，长安城已是朝霞满天；夜已静，长安城仍晚霞不散。近听叮当一片，远看火光烛天，冶铸工场好一派繁忙景象。

到开元十一年（723），铜制黄道游仪全部竣工。经检验，完全达到设计要求，使用效果比木样更为灵活准确。一行再上书玄宗，详叙制造此仪的动机、经过和特点。玄宗也兴奋非常，亲自提笔为这座亘古未有的铜铸黄道游仪撰写铭文，并以金字八分书亲书于轮上，学士陆去泰又以银字题写制造年月日、工匠姓名于盘下内侧，以不没制造者的历史殊功。

在黄道游仪投入正式使用之后，一行马不停蹄立即着手实施他酝酿已久的第二步计划：创制水运浑象。

在一次设计论证会上，梁令瓒把他的主要助手们都带来了，太史监各个部门的负责人也都参加了。一行请张说亲自主持会议。张说将政事堂的一间厢房作为会议室。为了鼓舞人心，也为了启迪思维，一行追述了浑象的制作发展史。一行如数家珍般，从三国时陆绩、王蕃、葛衡的制作说起，列举了北魏晁崇在道武帝天兴五年（402）前后的制作、南朝刘宋钱乐之在永嘉十三年（436）的制作、萧梁陶弘景在天监年间（502—519）的制作和隋代耿询在开皇十年（591）前后的制作，归纳对比，指出各自的优缺点。最后，一行说："遗憾的是，本朝自开国以来，还从来没人制造过。我们天文工作者有负圣恩，有愧大唐啊！"

说到这里，群情激昂，一致表示："禅师！我们愿意造，也一定能造！我们这一次造的浑象一定要超过前人！"

到会的人各用所学，各尽所能，穷思竭虑，一连研讨了好几天，最后由梁令瓒汇总定出方案。会后，梁令瓒等率人分工起草图纸：总装设计图、分装设计图、各部件图、零件图，共计一百多幅。就这样，几个月过去了。

一行仍然坚持他的老原则，先按原设计的1/2，做小木样，经过一定时期的试运转后，一切灵验无误，再按原设计大小做大木样，经过严格的试运转，证明各种数据的确无误，再大举动工，做成铜铁制件。这一次的加工制作比浑仪要求更精密，施工要求更高，工艺流程分工也更细，浇铸、车削、抛光，一直忙到开元十三年（725），才大功告成。这就是历史上有名的"开元水运浑象"。它把演示天象与自动报时结合起来，实际上成为一种授时天文台和天文钟。这座大型复杂的铜铸水运浑象，上具列宿，注水激轮，每昼夜旋转一周，与实际星象相合。以木柜代表大地，球体半露柜上，半没柜内。另外设有两个木人，一个每刻击鼓，一个每辰敲钟，都能按时自动。其设计之巧妙，令人啧啧称奇。

新的浑仪、浑象都制作完成了，太史监灵台上的工作人员可以大刀阔斧地开展各项工作了，一批又一批的观测数据送到一行面前，一行开始酝酿一部新历法的梗概了。一行发现仅有首都灵台上的观测数据还不足以制定出适用于全国的精确的历法，因为中国幅员太辽阔了，各地的北极出地高度（北极仰角）等数据都是因地而异的。为了便捷、有效地测得各地的北极出地高度，一行自己动手设计了一种测量工具，它的名字叫"覆矩"。一行画好"覆矩"草图和尺寸，交付梁令瓒拿去批量生产，以供全国各地使用。这种工具不仅成本低，制造容易，而且使用起来非常简单。后来，僧一行主持的大规模的天文测量工作，各地北极出地高度都是利用"覆矩"测得的。

意外收获

　　覆矩制造完工之后，一行发起并组织了一场波及全国的天文大地测量工作。准备工作分两个方面进行：首先，他和太史监里的专家们反复研究如何选定观测地点。大唐帝国的空前辽阔的疆域，为他们这次的工作提供了极其有利的条件：一行要用实地测量的办法来验证他对古人"南北千里，影差一寸"的传统说法的怀疑，并取得推算历法的必需的可靠数据。因此，选点的条件是：第一，尽可能在南北方向上展开，距离拉得越远越好；第二，尽可能地利用设有观测台的地方首府，以充分利用原有设备，如圭表、刻漏等，以节省经费开支。根据这两个条件研究的结果，最后决定：最北点放在安北都护府所辖的铁勒地方（今俄罗斯贝加尔湖附近，约北纬50多度处），最南点确定在林邑国（今越南中部约北纬17度处）。以洛阳为中心，往南各点依次是阳城（河南登封告城镇）、许州扶沟（河南扶沟县）、蔡州上蔡县（河南上蔡）、襄州（湖北襄阳）、郎州武陵（湖南常德）、安南都护府（越南北部）、一直到林邑。往北各点依次是汴州浚仪（河南开封）、滑州白马（河南滑县）、太原府（山西太原）、蔚州横野军（河北蔚县）、一直到铁勒。

接着就是挑选人员，南宫说将太史监所属全体人员的情况详细介绍给一行。一行提出人选的条件是：第一，身强体健，头脑灵敏；第二，工作吃苦耐劳，细致认真，一丝不苟；第三，有观测实际经验，操作能力较强者优先。根据这些条件，二人经过反复斟酌权衡，最后把人员确定了下来。还不够数，又从秘书监、太学里挑选了几位精明强干，有天文历算知识的年轻人补充进来，组成了一个庞大而又精干的观测队伍。

一行认为：任何人做任何事，只有当他懂得他所做事情意义重大时，他才会充分发挥自己的聪明才智，全力以赴。所以，他决定在队伍出发前，把大家召集起来，做一个简单的动员。一行说：

"自古以来，人们都说，夏至那天中午，同时用八尺高的表竿测量南、北两地，如果日影长度相差一寸，则南、北两地必定相距一千里。所谓'凡日影于地，千里而差一寸'。但此论断大有问题。我们绝不能迷信古人，因袭陈说。隋代大天文学家刘焯曾对此表示怀疑，并建议朝廷支持他搞一次全国性天文大地测量以解决这一问题，但那是隋炀帝当权的乱世，得不到支持，事情就这样搁置下来。这一搁就是一百多年啊！吾侪有幸，生当盛世，天子圣明，朝廷全力支持我等进行这次史无前例的天文大地测量，这正是我等大展宏图，建功立业的大好时机啊！彻底解决这一千年疑案，舍我其谁！"

一席话，说得大家心里热乎乎的，摩拳擦掌，巴不得立即出发到各地去。

派到全国南北各地去的测影使者们先后出发了。临行前，一行又一一交代，测量取得的数据资料，必须一式两份，装入竹筒，以蜡封口，分别由两人随身携带，以备不虞。众人允诺离去了。

最后离去的是去中原地区的观测队伍，这支队伍，一行决定由南宫说亲自带领。一行对南宫说说："在中原地区选的这四个点，基本上在一条子午线上，而且地处平原，各观测点间的距离可以用测绳量出来，这是别的地方做不到的。为解决距离与影长之间的关系问题提出扎实可靠的数据，就仰仗太史丞您了！"

南宫说恭敬领命，率领他的人马，满怀信心地奔赴观测地。

开元十二年（724），中国历史上的一次空前的、大规模的天文大地科学测量活动全面展开了。春分以前，各个点的工作人员先后纷纷到位。他们带去一行设计的新的观测工具覆距，当地的圭表、刻漏也都修整一新，反复检验无误。南宫说先到阳城察看重修"周公修景台"的工程，八尺石柱高表巍然矗立，圭座水平，周边一尺五寸，不爽毫发，十分满意。然后将自己的人马分成四个分队，分赴滑县、浚仪、扶沟、上蔡。由北向南一字展开。这是中国古代史上很少见过的科研队伍。什么"严寒"，什么"酷暑"，在他们心目中有着截然不同的含义。夏日骄阳似火，他们个个顶着烈日暴晒，还只嫌太阳光不够强烈，因为阳光越强，日影界面越清晰，所测得的数据才越准确，他们心里便越高兴。冬日夜里寒风凛冽，刺骨透心，他们还恐风不大，不能吹走视线内的哪怕是一丝云，一片雾。使窥管中看到的北极星又明又亮，他们身上便感到温暖如春。特别南宫说负责的这支队伍，他们除了应完成各地都应完成的观测任务外，还必须完成从滑县到上蔡几百里的地面水平直线距离的测量。这又该是多么艰苦、细致，又必须有相应的科技手段和方法的艰巨工作啊！但他们都出色如期完成了观测任务，就在这年岁末（远道的第二年开春）纷纷回到长安。当他们从身上取出那藏在竹筒里的经历千辛万苦的，用心血、汗水换来的珍贵科学资料交付一行时，许多人不禁高兴地哭了起来。只见一行，右臂曲起胸前，口念弥陀，向每一位恭施佛礼，感谢他们，也为他们和他们的家庭祝福！

一行回到华严寺住处，从竹筒里取出那一份份凝聚众人心血、汗水的资料时，心里感到了它的沉重分量。整整一年多时间，十三个观测点，这么多的资料怎么整理？从何着手？

他列出了许多表：晷长、刻漏、出地高度、日躔（太阳的行度），月离（月亮的行度）、恒星位置、五星行度表……等等。每一份资料、每一个细节，他都不放过。现在是一行最忙碌、辛苦的时期了，他夜以继日，常常是孤灯伴影到天明。最后，他把关注的焦点集中到了南宫说中原四地的全部数据。

南宫说中原四地天文大地测量数据如下：

观测地点		北极高度	夏至影长	春秋分影长	冬至影长
地名	现在位置				
武津	河南省上蔡县	三十三度八分	一尺三寸六分半	五尺二寸八分	一丈二尺三寸八分
扶沟	河南省扶沟县	三十四度三分	一尺四寸四分	五尺三寸七分	一丈二尺五寸三分
太岳台	河南省开封市西北	三十四度八分	一尺五寸三分	五尺五寸	一丈二尺八寸五分
白马	河南省滑县	三十五度三分	一尺五寸七分	五尺五寸六分	一丈三尺

一行又列出一表：

白　马——太岳台	198里179步
太岳台——扶　沟	167里281步
扶　沟——武　津	160里110步

根据以上测量数据，一行不仅得出了"千里一寸之说，实属臆断"的结论，而且意外地发现了地球子午线一度弧长。一行说：

"大率五百二十六里二百七十步而北极（出地高度）差一度半，三百五十一里八十步而差一度。"

某地的北极出地高度（北极仰角）即该地的地理纬度。如果把唐里和唐度换算成公里和六十分法，则现代1度为129.22公里。也就是说，地理纬度每相差1度，两地距离相差129.22公里。这实际上就是地球子午线一度弧长。测得地球子午线一度弧长，就可以知道地球的大小。其所产生的实际效果和影响，应给予充分估价。

一行所测得的子午线一度弧长与现代测量结果1度长111.2公里比较，有约18公里的误差，自然不够理想，但那是在一千多年前的古代。

在世界上，最早的一次子午线一度弧长的测量是希腊科学家埃拉托斯散纳（公元前276—195年）做的。他所得结果是1度长129.5公里，虽然接近于一行的结论，但规模很小，而且只是加以估计，并未实测两个观测点（由亚历山大到西厄纳）间的距离，所以现在人们都认为埃拉托斯散纳的结果只是一种巧合。在这以后，一直要到公元814年，阿拉伯的最高统治者阿尔·马蒙命令阿拉伯天文学家们在幼发拉底河以北的新查尔平原和苦法平原进行实际测量，根据当时测得的结果推算，子午线1度的长度约为111.815公里。这显然优于一行的测量结果，但却晚了整整九十年。

一行为了找到代替"影长多少寸，南北距多少里"的不科学命题而去计算北极出地高度与里差关系，从而意外地发现了地球子午线一度弧长。虽然一行当时并未意识到他的这一发现的巨大天文学意义和真正的科学价值，但他的确实际做出来了，所以这并不影响他的这一发现对人类科学进步的贡献。科学史上的许多发明、发现往往是出于偶然。中国的炼丹术士们，为了追求长生不老药，在炼丹过程中偶然发明了"火药"；阿基米德在澡盆里偶然悟出了浮力定律……

一行为彻底否定"千里一寸"的错误观念而意外地推算出地球子午线一度之弧长，这是偶然的机遇，却也是必然的结果。是他意外的收获，却又完全在情理之中。如果没有平日积累起来的深厚学识与功力，一行也是绝不可能因此而获如此巨大的科学成就的。

　　欧洲一位著名的科技史专家宋君荣说："僧一行，他主要是取得了北极高度的大量观测数据，确定了与纬度相当的里数，人们应当永远感谢他。"1955年8月25日，我中华人民共和国邮电部发行了一枚僧一行的纪念邮票，以表示今日中国人对这位做出了世界性贡献的杰出科学家的崇敬之情。这枚邮票早已成为许多青少年朋友收藏的珍品。

新历成就

　　一行花了那么多的心血指导创制了较前代同类仪器的功能更广泛、效率更高的新仪器；一行费了那么大的力量发起组织如此大规模的、史无前例的全国性的天文大地测量，目的都是为了一个——编订新历法。所以在开元十一年（723），黄道游仪投付使用，各种较精确数据不断取得之后，开元十二年（724），各地观测队伍陆续派出之后，他事实上已经开始着手编制新历的工作了。从开元十二年起，他整整用了四年时间，终于完成了传颂千古的《开元大衍历》。

　　人们无法想象，在这几年里，一行经历了一个什么样的艰苦历程：两京灵台上的资料越积越多，全国各地的资料也纷纷来到，感性，理性，再感性，再理性，每一个循环都使一行的历法思想上一个新的台阶。作为虔诚的佛教徒，其"精进度"精神使他殚精竭虑、心力交瘁，但为穷究天地而忘我舍身。佛学造诣极深的一行，其"依他起性"、"信解并行"的修行方法在这里更是运用得得心应手，炉火纯青。这四面八方，各种各类的观测数据，这上下几千年，先辈们积累下来的各种天文资料，都是"因"，这么多的"因"汇集到他的脑海里，去粗取精、去伪存真、纵横排列、上下对比，由此及彼，由表及里，融会贯通、综合分析，繁复运算，归纳演绎，终于"因缘和合"而结成一个"善果"，这该是一个多么细致复杂、艰苦卓绝的脑力煎熬过程啊！这是又一种形式的精神体验和修行，它比佛徒的修行更需要克服任何一点"偏计所执性"，以便达到"园成实性"和"功德圆满"。在这里，科学家通过艰苦脑力劳动得出科学结论，和佛学家的苦苦修行悟道证果的过程，确有某种相似之处。终于一行获得了极大的成功。其成功取决于三大要素：第一，全体观测人员的心血汗水所换来的各种新的天文观测数据，为一行编订新历提供了坚实可靠的基础。第二，我们祖先的23部历法以及国外主要是印度传来的异域历法，为一行提供了借鉴参考的广阔天地。第三，一行精诚致志的精神，正确的思维方式，特殊的超人记忆力和娴熟的运算能力，使他的头脑成为一个巨大的效率极高的"加工厂"，能够不断地加工出精美合格的新产品。

到开元十五年（725），一行的历法草稿已初具规模，大致就绪。全书共有52卷，包括：

一、《开元大衍历经》（简称"历经"或"历术"）一卷。这是新历法本身，它共分七章：第一章步中朔术：关于平朔、平望、平气的计算。第二章步发敛术：关于中国传统的72候的推算。第三章步日躔：关于太阳的位置及运行情况的推算。第四章步月离术：关于月亮的位置及运行情况的推算。第五章步晷漏术：关于晷影和昼夜刻漏的计算。第六章步交会术：关于日食、月食的推算。第七章步五星术：关于五大行星的位置和运动情况的推算。

二、《立成法》12卷，这是新历法本身的各种数据表格。

三、《历议》10卷，这是对古代传统历法的得失和演进进行综述和评议的专题论文。它共分：第一，历本议：相当于概述。第二，日度议：岁差的研究。第三，中气议：关于置闰规律的探讨。第四，合朔议：关于平朔和定朔问题。第五，卦候议：关于72候问题。第六，九道议：关于月亮运行、黄白交点西退的规律。第七，日晷议：关于24节气的晷影和昼夜刻漏推算。第八，分野议：关于12次分野的占星术问题。第九，五星议：关于五星运行会合周期及顺、逆、留问题。第十，日食议：关于日食的推算。

四、《略例奏章》一卷，这是关于新历法的理论说明。

以上24卷的大部分内容收载于新、旧《唐书》的《历志》和《天文志》中间留传后世。此外还有：

一、《长历》3卷，这大概是依新历法推算而得的古今若干年代的日、月、五星位置的长编。

二、《古今历书》24卷，这很可能是对前代23家历法连同新历法本身共计24家历法的异同、疏密进行比较研究的论文集。

三、《天竺九执历》一卷，这是关于印度历法的译著及其研究。

以上这28卷，在宋元之际亡佚了，可能还有许多成果随同淹没了。

我们从这52卷洋洋巨著的总体内容可知，其中有对古今中外历法的详细考证、评议与研究，有对新历法的立论、数据、表格及计算方法的详细说明，有依据新历法推算而得的具体结果。可见它已构成了一个十分严谨、完善的有机整体，所以被后世历家奉为圭臬。特别是《历经》七章的编纂法，因其合理的结构，严密的逻辑，一直成为唐代以后一千多年来历法编次的经典模式。

一行新历的成就不仅表现在上述结构形式和编纂体例上的创新，而且更主要的是新历内容的诸多前无古人的卓越成就。

第一，关于太阳视运动速度状况的正确结论。前面说过，太阳视运动速度的不均匀性早在北齐时代，刘子信就已发现，隋代杰出天文家刘焯，对这种不均匀性作了进一步的研究，提出了"盈缩躔衰术"，李淳风因袭它，取名"躔差"。认为："春分前一日最急（快），后一日最舒（慢），秋分前一日最舒，后一日最急，舒急同于二至，而中间一日平行。"一行根据此次获得的各地全年24节气观测的实际数据，指出刘焯这个说法不符合实际。实际情况应该是冬至时最快，后渐慢，到春分时持平，后仍渐慢，到夏至时最慢，后渐快，到秋分时又持平，后仍渐快，到冬至时最快，如此循环往复。而且一行还认为太阳运动速度的快慢是渐变式的，而不是突变式。这些都纠正了隋代刘焯以来对太阳视运动急舒规律描述的失误。一行是我国历史上把对太阳运动速度的认识引上正确轨道的第一人。后世历家无不遵循其说，并不断有所改进。

与此有关的是关于冬至时刻的测定。一行在阳城做了十分认真的测影工作，在此基础上，依据祖冲之的冬至时刻计算法，计算出开元十二年十一月癸未日九十九刻（即公元724年12月18.99日）为冬至时刻。这一结果与今日专家们测算的理想值完全吻合。有这样高精度的冬至时刻作基础，一行新历的24节气时刻以及其他一切与太阳运动有关的历法问题的计算精度便大大提高了。

第二，使"岁差"成为定论。东晋虞喜发现岁差时，计算出太阳冬至点约五十年移动一度（合每年1'11"），比今测值约77年移一度（合每年46"）大了些。南朝何承天认为太大，改为每百年移动一度。祖冲之第一次把岁差概念正式引进历法，隋代刘焯对虞喜和何承天的数据进行了研究，认为两者都不合适。他取二者的平均值，推定每75年移一度，合每年47"多，这已相当接近今人测值了。此时欧洲人仍认为百余年差1度。但中国古代的科学认识很少有直线前进的，常常出现反复和多次反复，进两步退一步更是常事。到了大唐帝国贞观之治时，非常著名的天文历算学家李淳风、王喜通等都不相信岁差，并在实践中否定岁差的存在。结果，"岁差之术，由此不行"。这是一次严重的倒退。一行的贡献首先就在于他根据这次实测的精确数据（开元十二年冬至，日在斗10.5度，误差仅0.1度），又基于对大量历史记录的详尽考察写了洋洋洒洒万余言的"岁差论"，以无可辩驳的事实和严密的逻辑论证了岁差的客观真实存在，由此纠正了李淳风等人的错误，恢复了"岁差"的概念，结束了虞喜发现岁差后400年来的反复，使岁差成为定论。其次是一行又论证了制历必须根据岁差之值来修正有关数据，这是提高历法精确度的重大问题。这一点对于唐宋以后的历法产生了很大影响。遗憾的是一行由于要迁就他的太衍通法，结果推算的岁差数据为82.72年退一度（约等于42'9"），反不及刘焯的精确。这也说明上述科学认识上的进两步退一步的反复现象的确是存在的。

第三，"定气"概念的正式提出和不等间距二次内插法的发明。基于对太阳不等速运动状况的科学结论，一行明确提出"定气"概念，即以太阳运行在天空的实际位置来定二十四节气。此前，刘焯是以平气为基础的，利用了等间距二次内插法公式进行计算，一行在此基础上，凭借他深厚的数学功底，创立了适应定气的"不等间距二次内插公式"，这就是在数学史上占有光辉地位的有名的"僧一行内插法公式"。国外最早使用内插法的数学家是印度的布拉马古不达，虽早于一行，但也只是像刘焯那样的等间距二次内插公式。中亚著名数学家阿尔·毕鲁尼也用等间距二次内插法公式计算正弦函数值和正切函数值，但这已在僧一行200多年之后。至于欧洲，直到十七世纪才有人使用内插法。所以，1956年9月在意大利召开的第八届国际科学史年会上，我国数学史家李俨教授介绍僧一行、郭守敬等内插法方面的成就时，引起与会各国专家的极大关注。

第四，关于日月交食的新理论和创见。我国古代对日、月食有着丰富系统的观测记录，对其成因和规律进行了长期深入的探讨，取得了很多成就。一行的新贡献有：一、完善了同一时刻发生的日食，不同地区所见食分不同的观念。开元十二年闰十二月初一日发生日食，当时天文测量还没有结束，就在南北几千里的大范围内同时进行观察。结果在首都长安附近看到全食，在较南的地方只看到偏食，而在龙编一带（今越南）则根本看不到日食。一行比较分析了在这以前的日食记录43次，月食记录99次，明确指出月亮比太阳离地球近是造成这一现象的原因。二、首创不同地区任意时日的食差计算法。因为黄道与白道不在同一平面，所以只要日、月离黄白交点够远，就不可能发生交食。能发生交食的最大距离叫"食限"。东汉刘洪以后，历代对食限的计算越来越精确，但后来人们又发现，有已入食限而不发生食，未入食限却发生食的现象。这是由于"视差"的影响。"视差"的影响与观测者所处的地理纬度和月亮的位置有关，而月亮的位置又与季节和每天的时刻有关。刘焯的皇极历只对某一固定地点给出了计算方法，而一行则对不同地理纬度的地方和不同季节都分别进行考虑，创立了"九服食差计算法"，弥补了以往历法交食推算仅限于某一地点有效的缺陷，从而可使历法适用于全国各地。这是我国历法史上的划时代的创举。

第五，研究五星运动的三项创新。一、一行最早提出五星运动的轨道与黄道并不重合，两者之间存在一定夹角的概念，而且给出了计算五星位置在黄道南或北的具体方法。二、一行最早提出五星近日点"进动"（类似岁差）的概念，并给出了木、火、土、金、水五星近日点每年的进动值。在此基础上，一行建立了五星近日点在黄道上的经度的计算方法。三、他最先编制了以五星近日点为起算点，每经15°给出一个五星实际行度与平均行度之差的数值表格，以此取代北齐张子信以来每经一个节气给出一个相应数值的初始方法。这三项创新为后世历家的进一步探索开拓了正确的方法，标志着我国古代对于五星运动研究进入了一个崭新的时期。

　　第六，晷长与刻漏的测算新成就：一行在《历经·步晷漏术》中列出了阳城二十四节气午正日影长和昼夜漏刻长度的数值表。这虽然是一行为了解决太阳的位置变化与八尺高表的影长变化这一特定的天文学问题而列出的数值表格，但它却是世界上最早的"正切函数表"。这是一行创造的又一个世界第一的成就。找到了太阳位置与影长的正切函数关系，就可以测定全国任一地方、任一时刻八尺高表的影长值。

　　第七，对恒星位置的重新测定。我国最古老的三家星表，记录着以巫咸、石申、甘德为代表的古代星象家观测到的恒星及其确定位置（用入宿度、去极度和黄道度来表示）。以后历代有所增补，到三国时陈卓将各派占星家所测定的星座并同存异，综合编成一个具有283个星座，1464个恒星的星表，一直为后世天文家奉为圭臬。这些恒星特别是为研究日、月、五星运动而定的坐标系——28宿的位置，如果测得不准确的话，其影响之大，可想而知。贞观中，李淳风为修麟德历而进行的观测中，虽已发现28宿距星间的距离有变化，但他在这个问题上陷入了保守，在他的历法中仍沿用汉代所定的数据。一行这次用黄道游仪重新测定150多颗恒星的位置，把测得的数据和汉朝的数据相比较，发现28宿距星去极度均有变化，另23个星座亦有明显变化，于是一行果敢地在自己的历法中，革除了沿用几百年的陈旧数据，改用了自己测定的数据。这是中国天文学史上第一次打破以往认为恒星位置永恒不变的观念，引起了后世对恒星位置的观测研究的重视，这是十分有意义的。

第八，开创了正确的黄道画法。我国古代天文观测家有一个好传统，即用绘制星图的办法来认识和记录天空中星座位置，要求它能完整而准确地反映星空的实际，但古代的星图都是以天北极为中心的圆图，它能较逼真地反映北部星空的实际，而用它来反映全部星便发现了星宿位置失真，离北极越远，失真越大，特别是黄赤道附近，尤其是赤道以南的星宿。这就大大削弱了星图对天文工作的价值，非改进不可。在中国星图发展史上，僧一行是首先明确指出圆图失真的缺点并着手改进的第一人。大家知道黄道与赤道不在一个平面上，相交互成约24度角。最初古人星图上已经将赤道画成一个正圆，这是正确的，因为赤道上每一点距天北极的距离相等。后来发现经星七曜皆行黄道后，也把黄道画成一个正圆，因而造成与实际天象不符。因为黄道除了与赤道相交的二分点外，夏至点在赤道北24度，距天北极最近，冬至点在赤道南24度，距天北极最远。一行发现了问题的症结所在，他先将赤道按二分、二至点的位置分成四大段（四季），每一大段再均分为三小段（每季三月），每小段再均分为六等分（每月六候），共得七十二等分（七十二候）。然后用一分宽、半分厚，长与图相等的小竹篾在其上刻上72个天北极到黄道的不同度数，用它在图上量出相应于赤道的每个分点的黄道分点的实际位置，这样就得到七十二个分点，最后用圆滑的曲线将这七十二个分点连接起来，就得到真正的椭圆黄道图。后来，一行又用同样的描点方法绘出了月亮运行的白道图。

一行创立的黄道画法的客观影响是巨大的，它启发和推动后人从根本上改进星图的结构。公元8世纪，就出现了圆横结合的新的星图模式（敦煌卷子星图）以及后来北宋的苏颂星图，使中国星图始终走在世界前列。李约瑟博士写道："欧洲在文艺复兴以前，可以和中国天文制图传统相提并论的东西，可以说很少，甚至简直没有。"任何科学思想都有它的传承关系，一行在中国星图史的关键作用和地位是应该肯定的。

身后是非

历史的时钟指向开元十五年（727）。经过四易寒暑的呕心沥血，一行的大衍历初稿刚刚完成，这年九月，他就病倒了。为了大衍历他已耗尽了自己最后的一点心血。消息传出，众皆愕然。在华严寺病榻旁，玄宗派出的御医和使者，赐医、赐药、赐膳，穿梭不息，京城内外前来探视的僧俗人众，络绎不绝。大家似乎都有一个不祥的预感：一行好像就是一盏燃油将尽的明灯，照亮开元时期的时日不多了！长安城内，满朝文武也都回忆起睿宗复位那年（710），宰相韦安石回朝复命的那句话："张遂已病入膏肓，大限不远！"特别是玄宗皇帝，一想起这句话，心绪就十分不安。因为在他看来，一行既能通达天地的玄机微奥，便能洞察人间的祸福吉凶。他还需要一行为他预卜他的王朝和他本人未来的命运，他还需要一行为他的国家灭祸消灾。十分顾虑的玄宗，这天晚上睡得很不安稳，令内侍速速备车，他要驾幸华严寺，亲自去探视他的国师。晃悠悠，华严寺到了，内侍扶他下得车来，却不见有一人前来迎驾，更听不见往日听惯了的山呼万岁声。他顾不得这许多，急忙忙走进寺来，寺内空无一人，冷清得叫人发怵。他直奔一行的禅房，但见禅房的纸隔子统统扇开，探头一看，禅床上空空的。他大喝了一声："一行禅师！"猛然惊醒，原来是做了一个梦，只觉得自己额头还在冒汗。十分迷信的玄宗心想："不好，一行走了！"他十分不甘心就这样让一行离他而去。他，大唐帝国的皇帝，深信自己是"真命天子"，有力回天。第二天刚上早朝，他就急下敕诏，命令京城内外各大寺院的所有高僧大德，速速前去华严寺，做大道场，为一行禅师祈福求寿。一时间，华严内外，香火袅袅，殿堂上下，灯火辉煌。各派高僧，各尽所能，各施所长。经文咒语，声闻数里，梵音梵乐，直上云霄。真是功夫不负有心人，几天过后，一行病情见轻了，能够下床活动了。不是由于"道场佛事"有灵验，而是由于皇帝的知遇之恩激励了他强打精神。十月初八，玄宗驾幸新丰（今临潼县东北新丰镇），一行用自己最后的一点精力，作为皇帝顾问，侍从伴驾到了新丰。这一路，一行"口无一言"，实际是连说一句话的气力也没有。当天晚上，他就按照密教的仪式，命人为他"浴香水换衣，趺坐正念"，问心无愧地，安详恬然地去迎接死亡。

开元十五年十月初八日新丰之夜。万里晴天，秋高气爽，上弦之月，高悬中天，笼罩大地，灰白一片，被一行的黄道游仪时刻跟踪着的日月五星仍在各自的轨道上照常运行着，然而，一行，我国历史上的这颗璀璨的科技明星却离开了自己的轨道，陨落了！年仅四十五岁。

一行是对中国古代天文历法学作出了卓越贡献的科学家，他的英年早逝，不只是当时中国科技事业的重大损失，而且也应给后世留下耐人寻味的教益。他正处在科学创造的巅峰年华，本不应该这样匆匆结束他的人生旅程。但他幼小贫寒，衣食仰仗接济，身体素质本来就差，成年以后即出家为僧，纯以植物为食，长期营养不足，而他又有一股强烈的为科学事业的献身精神，长期过度劳累，心力交瘁，又从不注重摄生，而当时整个社会的宗教神学氛围又更加重了他的这种倾向。一行的一生，为研究和掌握宏观天体的运行规律，硕果累累，留给后人一笔宝贵财富，但他却从没有对人体这个特殊的微观运行规律进行任何研究，终于导致中年早逝，不惜哉！

一行圆寂新丰的消息传出，僧俗人众无不悲哀，他的弟子们更是"悲号沸渭，撼动山谷"。众人将他的遗体停放在冈极寺，"凡经三七，爪甲不变，髭发更长，形色怡悦，时众惊异。"玄宗接到奏报，十分悲怆，即刻颁旨："禅师舍朕，深用哀慕！"于是由朝廷供费，按国师丧礼，举行盛大隆重的国葬，下葬地点选在长安城外的铜人原。玄宗赐谥号曰："大慧禅师"，并御撰碑文，亲书于石，立于墓前，又出内库存钱五十万，为起塔于铜人原，次年又赐绢五十万，用于塔前种植松柏。生前的厚爱与死后的恩宠，充分表达了玄宗皇帝对一行这样的杰出人才的崇敬和尊重！而当时的佛门弟子们也都因此深以为荣。

一行临终前，他的大衍历只完成初稿，他去世之后，玄宗就命宰相张说和历官陈玄景等人对初稿做进一步整理。他二人接旨后，经过十个月左右时间，到第二年（开元十六年，728）八月完成，并且于这年八月十五上奏朝廷。从开元十七年（729）起，每年按大衍历编出年历向全国颁行。

大衍历是当时最精密的历法，颁行不久便受到全国老百姓的欢迎，但一行死后，在朝廷之上却遭到非议。首先起来反对的便是前面提到的那位在朝任职多年的印度历算专家，现任太史丞的瞿昙撰。一行受命改订新历的大规模工作开始以后，由于他的态度消极，也由于他的历法思想过于偏执，一行没有请他参加。他就一直站在旁边看热闹，等待有一天秋后算账。后来，一行果然成功了，举朝称誉，他心里感到很不舒服，也很不服气，还总觉得印度的九执历才是最上乘的。第二个起来攻击《大衍历》的便是帮助张说整理一行遗稿的历官陈玄景。本来，整理遗稿，分篇别卷，整齐文字，完成52卷《大衍历》，陈玄景是付出了辛劳的。但上表署名者是张说，历书署名者是一行，他认为自己心血算是白费了，心里也很不是滋味。因为他们同在太史监工作，经常见面，免不了互相发泄情绪，两人一拍即合，通同一气，开始还只是背后喊喊喳喳，后见没人反对，转而公开攻诘。最意想不到的是他们的原顶头上司，现已调离太史监，改任太子右司御率的南宫说，竟也支持他们。这位在当年的天文大地测量中立下汗马功劳的南宫说，在一行身后不久，竟参加到反对一行的大合唱中来，而且对当时形势的逆转起了推波助澜的关键性作用，这的确令人费解。其实也很简单，大衍历的空前成功，一行的去世，种种桂冠都挂在一行头上，皇帝的诏旨、铭文对他南宫说只字不提，张说的《历序》和《进表》也不过轻描淡写地提了一下他南宫说的名字。上得朝来同僚们啧啧称颂的是一行，回到太史监，下属们念念不忘的还是一行。他南宫说几年拼命苦干算是白干了，没有他南宫说的支持，一行能有这么多，这么大的成就么？他觉得他对《大衍历》的贡献和朝野对他的评价太不公平。他又回想过去：他早在一行出山之前，就曾有过成就。他在中宗复位后编纂的神龙历，回归年值为365.2448日，朔望月为29.5306日，他的数据测定都用黄道坐标而不用传统的赤道坐标。他还首次废除了繁复的分数数据，而一律采用余、奇、小分形式的百进位制，他的新历法只不过因睿宗即位而未颁行，可他在历法上所取得的新成就，怎么就没有人看见呢？看看现在：朝廷将他调离太史监，这更加重了他的心理失衡，现在听到瞿、陈等人对一行的非议，他似乎找到一点平衡的感觉，觉得很痛快，很开心！

有了南宫说等人的附和，瞿、陈等开始由地下转入公开，竟一起上书朝廷，公开发难了。他们煞费苦心草拟了一篇奏章，主要的一点实质内容就是指责大衍历没有充分吸取印度的九执历的经验，导致许多不足和缺陷。

这是做了二十多年皇帝的李隆基根本没有料到的，一时他也竟没有了主意。但这毕竟还是在开元时期，李隆基还没有昏聩，他马上下意识地忆起，当年他答应过张说的话："用人不疑，疑人不用，若遇意见分歧，朝廷不搞行政干预，让他们各派公开辩论，有证于古，有验于今，用灵台实测的验证，来判断是非。"他立即下旨：

"侍御史李麟！"

"臣在！"李麟出班拱手恭立。

"太史令桓执圭！"

"臣在！"桓执圭出班拱手恭立。

"朕令你二人速去灵台，取开元十一年以来全部观测纪录，仔细校验《大衍》、《麟德》、《九执》三部历法，将结果报来。"

桓执圭办事从不含糊，很快组织一个精干的小组，将十年来的全部实际观测数据与大衍、麟德、九执三种历法所提出的理论和数据一项一项地认真核对、反复校验。李麟忠于职守，带着他的副手，对校验工作每个环节都实行严格监督，保证不出差错。经过他们的辛苦奋战，终于，结果出来了。

这天早朝，玄宗令他们从实奏来，桓执圭与李麟出班分列左右，大声奏道：

"启奏陛下，臣等奉旨，用灵台近十年来的新测数据，逐项核对大衍、麟德、九执二历的理论和数据，按完全无误、基本无误、失误列表分别登记，最后归纳，按通法比较，其准确程度结果如下。"

桓执圭停了一下，用眼角横扫了一下朝堂下的众

111

人，然后大声宣道：

"大衍十得七八，麟德才三四，九执仅一二焉！其术繁碎，或幸而中，不可以为法！"

这就是实践检验结果，僧一行的大衍历精确度最高，达到70%～80%，麟德历仅及其半，30%～40%，而九执历呢？其准确度差得远，还不及麟德历的1/4，仅仅有少数侥幸符合了而已，所以基本不能用。

在事实面前，南宫说、瞿昙撰、陈玄景面面相觑，哑口无言。

玄宗勃然大怒，因为这属于诬告，陷害，情不可原，他站起身来，厉声喝道：

"将南宫说等拿下，交付大理寺审理定罪！"

一场风波总算结束了。

唐玄宗的果断判决，不仅保住了他李隆基作为英明天子的威信，而且也保住了一行和他的大衍历。

以后的历史也证明了他的判决是正确的。宋人欧阳修在《新唐书·历志》中写道"自太初至麟德，历有二十三家，与天虽近而未密矣。至一行，密矣。其倚数立法，固无以易也。后世虽有改作者，皆依仿而已。"大科学家沈括在他的《梦溪笔谈》中也说：

"开元大衍历法最精密，历代用其朔法。"

但是，大衍历是不是完美无缺呢？我们今天应该怎样正确评价僧一行及其科学成就呢？

首先，作为科学家，从事科学研究都有一定的哲学世界观作为他方法论的理论基础，这一点，古今中外，概莫能外，而支配科学家的哲学世界观是要受到他所处时代的制约和社会群体意识或公共无意识的限制的。一行生活在一千三百年前的唐代，那是中国封建社会的鼎盛时期，也是在封建社会占统治地位的儒家意识形态发展到最完备，最有影响力的时期。一行出身于世代簪缨的文化贵族家庭，从小受到儒家思想透骨铭心的熏陶，儒家经典，特别是作为群经之首的《周易》的哲学宇宙观已完全溶化在小张遂的血液里，成为支配他思想言行的主宰。长大以后，由于武三思的专横，又把他推入了佛门，最后成了中土密教真言宗的领袖。《周易》的象数理论和佛家玄奥哲理，在他脑子里合流，形成了一个牢固的具有一行特色的神秘主义哲学体系。这就是指导他从事天文历法科学研究工作的世界观。这是不以他的主观意识为转移的历史的必然，就像奠定近代经典力学基础的伟大的牛顿不能摆脱神学和上帝的支配一样。我们打开记录在新、旧《唐书》天文、律历志和其他散见文献中的一行大衍历的原始文字，可以看出，那里充满了占星学和天人感应学的迷信内容。这才是真实的中国天文史的一部分。和欧洲人经历了一个"科学成为神学的婢女"的漫长时代一样，中国更是经历了"天文学与星占学共存"的漫长时期。科学与迷信本是孪生兄弟，它们互相作用，互相转化，同步发展。

有了这种认识，我们就可以对僧一行做出总的评价了。本书前面较详细地介绍一行在天文历法方面所取得的前无古人的科学成就，这些都是真实的，但这真实却是我们从它的神学总体系和外包装中剥离出来的。读者可能早就想提出一个问题，一行经过千辛万苦编制的新历法，为什么以"大衍"为名呢？

"大衍"二字出自《周易·系辞上》的第九章，该章讲占筮法，其中有"大衍之数五十"的话。"衍"通"演"，即"推演"、"演算"。"大衍"二字合在一起，即推演宇宙的大变化的意思。

对"大衍之数五十"的解释很多，如认为十天干、十二地支、二十八宿，加起来是50，太极、两仪、日月、四季、五行、十二个月、二十四节气加起来仍然是50，所以要想推演宇宙的大变化，只有依靠"五十"这个数。

一行从小就精研《周易》象数之学，认为《周易》中的这些数是古人"观象于天"、"观法于地"得到的，具有"通神明之德"、"类万物之情"的功能。因此，他对这些数字充满了敬畏之情，他说："五十为大衍之母。"又说："大衍为天地之枢，如环之端，盖律历之大纪也"。所以他的新历法的全部推算数据都要符合《周易》的象数。为此，他在《历议》的第一章《历本议》里用了两千余言来说明他的这个运算体系，并把他的新历命名为《大衍历》。一行这样做是完全可以理解的，具有历史的必然性，但问题的关键是，即使《周易》象数正确地反映了宇宙间的变化规律，那也是几千年前的古人从观测的实际经验中总结出来。宇宙万物是不断向前发展变化的，一行发起组织的史无前例的天文大地测量取得了那么多不同于古人的实际数据，不从实际出发进行运算，而硬要将之纳入古人的象数体系，甚至一些天文历算的习用常数也都要换上《周易》象数的名称，其结果不仅使历法充满了神秘主义气氛，而且必然要在一些问题上削足适履，妨碍得出正确结论而损害历法的科学性了。也就是说：他本来可以取得更多更大的成就，只是由于他的这个指导理论的框子限制了他，而没有得到。

简单举一个例子：古人制历，对回归年和朔望月等凡是有零数的都习惯用分数表示。为计算方便，李淳风以后开始用一个公分母来表示，叫做日法（一行改称"通法"）。一行把每天分成3040份，在计算历法中的各种基本数据时，都以3040为公分母来计算，再根据这些基本数据安排每年的日历、节气，推算日月交食和五星出没。凭一行的深厚筹算功力，找到3040这个值并不难，只要它符合天文观察实际，但一行并没有实事求是地这样做。他绞尽脑汁绕了一个大圈子，来使这个3040符合《周易》的象数。首先，根据《周易》，一、二、三、四、五叫做"五行生数"，这五个数加起来得15，六、七、八、九、十叫做"五才成数"，这五个数的总和为40，以40乘以15，得600，一行称之为"天中之积"，反过来以15乘以40也得600，一行称之为"地中之积"与"地中之积"相加得1200，再除以4，得300，这个数叫"爻率"，再乘以10，得3000，称为"二章之积"。然后以五（五才）乘以八（八象）得40，叫"二微之积"。最后，将"二章之积"和"二微之积"合起来，这才得出3040这个数，作为气朔的分母。所以，这个"3040"便不是一般意义上的数，而是"在章、微之际者，人神之极也！"奥妙无比，神秘得很！像这样，历法中的任何一个问题都必须服从他的大衍之数，既增加了历法的神秘色彩，又必然要损害推算的客观精确性。所以我们看到，尽管他对岁差的强有力的论证，结束了400年来的纷争，使之成为定论，但他所测算的岁差之值，反而不及刘焯接近实际。这就充分说明，因为他把大衍之数作为历法必须与之吻合的根本原则，对一系列天文数据，必须由神秘的大衍之数来加以简单加减乘除推演而定，结果必然削弱由实际而得的天文数据的本来精度，这的确是令人惋惜的。

问题还不止如此。如，根据一行的推算，开元十二年（724）七月初一和开元十三年（725）十二月初一，都应该有日食，但是根据全国各地观测结果，都不曾观测到这两次日食。其实这两次日食，按今天的天文专家的推算，的确是发生了的，只不过在我国看不到而已。两次日食，全然不验，一行如何解释呢？他说，这是开元时期的政治好，唐玄宗的德性好，"德之动天"，"则天为之隐，虽交而不食"，并由此申发出他的一大篇论天人感应的日月五星"失行论"。他认为，在一般情况下，日月五星的运行是合乎常规的，是可以用历法加以预推的，但人间政治的清明或者腐败；教化的高尚或者堕落，都将使日月五星运行突然加速或减速，这就是所谓"失行"，是历法不能推知的。这种"失行"说阻碍人们对日月五星运行规律的精益求精的探索，是一行天文历法思想中的一个重要糟粕。

总之，我们既不能因一行的严重局限性而否定他作为伟大科学家的历史地位，也不能只看到他所取得的辉煌科技成就，就忘了历史、时代赋给他的严重局限性，我们应该还他以历史的本来面目。这就是我们以"一位身披袈裟的科学家"为题来讲僧一行的故事的真谛。

世界五千年科技故事丛书